Le président Des États-Unis Un pouvoir impérial?
アメリカ大統領
——その権力と歴史
大統領の権力には、憲法第2条ではっきりと
示されているものもあれば、条文の解釈にもとづく暗黙の権力もある。
大統領の現実の職務と、大国となったアメリカの歴史が、
事実上、新しい憲法をつくりだしていったといえるだろう
ヴァンサン・ミシュロ 著
藤本一美 監修
遠藤ゆかり 訳
知の再発見 双書144
SG 絵で読む世界文化史

日本語版監修者序文

藤本一美

皆さんよくご存じのように，アメリカ合衆国では4年に1度，ちょうど閏年《うるうどし》の年に大統領選挙が行なわれます。2008年11月の大統領選挙では，民主党の候補で「黒人」のB・オバマが，共和党候補で白人のJ・マケインを破って第44代大統領に当選し，大きな話題を呼びました。大統領に「黒人」が当選したのは，もちろんアメリカ史上初めてことであり，近い将来「女性」の大統領が出現する可能性も十分あります。その意味で，アメリカは新たな時代に入ったといえるでしょう。現代世界における，アメリカの政治・経済・外交・軍事力の圧倒的優位とその影響力の大きさを考えるならば，どのような人物が大統領に当選するのかは，今後とも世界中の注目の的であり，アメリカ大統領選挙はまさに，世界的な一大イベントでありつづけることでしょう。

これまでアメリカの歴代大統領には，実に様々な人物が就任しており，その性格もヴァラエティーに富んでいます。たとえば初代大統領ワシントン，彼はどっしり構えた威厳に満ちた人物でした。第3代大統領のジェファーソンは非常に多芸多才な人物でした。そしてリンカーンは優れた文筆家で，物事を真面目に考える人物でした。最近での事例は，L・ジョンソン，彼はぶこつ者で短気な人物でした。一方，クリントンは人あたりは良いが，時間や女性にルーズな人物でした。

歴代の大統領たちはまた，実に多様な家庭から輩出されています。実際，裕福な家庭に生まれた人もいれば，貧乏から這い上がった人もいます。極めて高い教育を受けた人がいる一方で，正式な学校教育をまともに受けなかった人もいます。一般的には，弁護士を経て政界に入ったケースが多いようです。

それではこのような歴代の大統領たちを，アメリカ国民はどのように見ているのでしょう。アメリカには，誰が「偉大な大統領」かを聞いた，「大統領の歴史的ランキング調査」というものがあって，1948年以来，何度も調査が行なわれています（最新は米国議会テレビのC－SPAN調査，2009年）。それを見ると，トップスリーはほぼ不動のメンバーであり，ワシントン，リンカーンおよびF・ルーズベルトとなっています。彼ら3人は全員，独立戦争，南北戦争，第2次世界大戦といった国家存亡の危機に登場し，すぐれた指導力を発揮したリーダーであり，誰もがうなずける結果といえます。

ただ面白いのは，多くの調査の中でランク1位，すなわち「もっとも偉大な大統領」と評されているのが，アメリカを独立に導き「建国の父」と讃えられる初代大統領ワシントンではなく，第16代大統領のリンカーン（任期1861－65）だということです。その理由としては，彼が貧しい生まれから苦労してのぼりつめた立志伝中の人物だったこと，アメリカ人同士が血を流した南北戦争を終わらせ，連邦を分裂の危機から救ったこと，奴隷解放の偉業を行なったこと，暗殺という悲劇的な最期をとげたことなど，さまざまな要因が考えられます。しかしその中でも，有名な「人民の，人民による，人民のための政治」と民主主義の理念を高らかにうたいあげた，ゲティスバーグ演説の素晴らしさとその理想が，150年後の今日でも，アメリカ人の心を強くとらえているのでしょう。2008年の大統領選で，階級・年齢・性別・肌の色のちがいを超え，オバマの演説に熱狂したアメリカ人の姿を思うにつけ，そうした感を強くします。

上記2009年の調査では，このトップスリーに次いで，T・ルーズベルト，トルーマン，ケネディ，ジェファーソン，アイゼンハワー，ウィルソン，およびレーガンの7人が「ほぼ偉大な大統領」に位置づけられています。このレーガンをのぞくと，ケネディ以降の最近の大統領たち（ジョンソン，ニクソン，フォード，カーター，ブッシュ・シニア，クリントン）はいずれも「平均的な大統領」の位置にあります。そうした中で，第43代大統領のブッシュJr.が，大恐慌時のフーバー以来，75年ぶりの「駄目な大統領」と評されているのは，アメリカ国民の現在の素直な気持ちを表明しているといえるでしょう。

ただここで留意すべきは，われわれの人生と同じく，歴代政権の運命にも巡りあわせというものがあることです。例えば，クリントン大統領が就任したときには，レーガン政権とブッシュ・シニア政権の大きな遺産の恩恵に浴し，経済は絶好調で対外紛争に深く係る必要もなかったのに対し，ブッシュ Jr.政権の場合には，ちょうど「IT革命と金融バブル」の崩壊に直面し，さらには史上類を見ない「9・11同時多発テロ」に遭遇するなど，やや運が悪かった面も否定できません。いうまでもなく，アメリカ大統領職は心労の重なる大変な激職です。ブッシュ Jr.も大統領に就任したときは髪の毛が黒かったのに，2期8年，2009年1月に退陣した頃には頭の毛がしっかりと白くなったことを鮮明に記憶しています。

私たちは，世界の平和および経済の動向が，アメリカ，とりわけ大統領の行動と決断に多くを依拠していると考えています。その意味で，アメリカ大統領には優れた感性をもち，貧しい人々の気持を汲みとることができ，しかも戦争のない平和な世界と経済的に安定した社会を形成できる人物が就任することを願っています。アメリカが1日でも早く，イラク戦争から手を引き，金融危機から立ち直ることを熱望します。

「われわれが恐れなければならないただひとつのものは，恐怖そのものなのです。退却から前進に転じるのに必要な努力を麻痺させ，漠然として理くつに合わない，筋の通らない恐怖感こそ，怖れなければならないのです」
大恐慌下のアメリカ国民に向けて――フランクリン・D・ルーズヴェルトの1期目の就任演説（1933年3月1日）

「アメリカ国民の皆さん。国家があなたのために何をしてくれるかをたずねるのではなく，
あなたが国家のために何ができるかをたずねてください」
ニューフロンティア政策を掲げ，清新なイメージで当選——ジョン・F・ケネディの就任演説
（1961年1月20日）

「人種問題という毒の源を干あがらせましょう。人びとの心が思慮深く，寛容で満たされるために祈りましょう。この国がひとつになるために，ささいな違いはすてておきましょう」
暗殺されたケネディのあとを継ぎ，公民権法の制定に尽力——リンドン・B・ジョンソンの公民権法署名時の演説（1964年7月2日）

「われわれが求めている平和は，ほかの人びとに対する勝利ではありません。
『その翼を癒す』平和なのです。苦しむ人びとに同情し，（略）この地上の人びとに
自分自身の運命を選択できる機会をもたらす平和なのです」
ベトナム反戦運動が激化するなか，「秩序の回復」を掲げて当選――
リチャード・M・ニクソンの就任演説（1969年1月20日）

「ゴルバチョフさん，この門の前に来て，この門を開いてください！
ゴルバチョフさん，この壁をこわしてください！」
ワシントンでの歴史的な米ソ首脳会談を行なう半年前に——
ロナルド・W・レーガン，ベルリン（1987年6月12日）

「こんにち，冷戦の陰で育った世代は，自由の太陽で暖められてはいるものの，依然として古い憎しみと新しい疫病に脅かされている世界で，新しい責任を負っています」
12年続いた共和党政権を終了させ，戦後世代初の大統領となる――
ウィリアム・J・クリントンの就任演説（1993年1月21日）

「今日私は，われわれが重大な試練に直面していると告げたい。それは深刻で，多岐にわたっており，短期間で解決できるようなものではありません。しかし，アメリカよ，知ってほしい。それを克服できるということです」
悪化する経済のなか，大統領選を大差で制す——バラク・H・オバマの就任演説

CONTENTS

アメリカ大統領―その権力と歴史―

ヴァンサン・ミシュロ❖著
藤本一美❖監修

「知の再発見」双書144
創元社

❖アメリカ合衆国は，1787年の制定以来，現在まで同一の憲法を使用している。その冒頭の第３条には，アメリカに存在する３つの権力，すなわち立法，行政，司法の３権について明記されている。だが，大統領のもつ権力である行政権は，第２条に明記されたよりもはるかに広範囲におよび，体制そのものを変革することさえ可能となっている。この強大な権力によってアメリカは，独立後に経験した数々の危機に，うまく対処することができたといえるだろう。その結果，当初は立法権に次ぐ位置にあった行政権，つまり大統領の権力は，ついに権力のトップの座につくことになったのである。……………………………………………

第１章

大統領の権力

〔左頁〕1993年に行なわれたビル・クリントンの大統領就任式――連邦議会議事堂の階段に，国家の3権を代表する人びとが集まっている。

⇨就任式で宣誓するドワイト・アイゼンハワー（1953年）――大統領は，合衆国憲法に従って次のような宣誓を行なう。
「私は，アメリカ合衆国大統領の職務を誠実に遂行し，合衆国憲法を全力で維持し，保護し，守ることを厳粛に誓います」

たとえばフランスは過去200年間に，5つの共和政，ふたつの帝政，王政復古期，革命期，占領期を経験している。そして21世紀に入ったいま，人びとは第5共和政の衰退と，来るべき第6共和政に思いをめぐらせている。というのもフランスでは，政治的危機は多くの場合，政治体制の変化につながると考えられているからだ。ところが対照的にアメリカでは，合衆国憲法制定以降，南北戦争，1929年の大恐慌，第2次世界大戦，冷戦，ウォーターゲート事件，9・11の同時多発テロといった大事件が，政治体制にはなんの変化もおよぼさなかった。

合衆国憲法は，垂直方向に働くふたつの権力（連邦政府と州政府）と，水平方向に働く3つの権力（立法，行政，司法）のあいだでバランスをとりながら，臨機応変に事態に適応してきた。その歴史を制度面から見ると，アメリカが経験したすべての危機は，結果として，州から連邦政府への権力の移譲と，連邦議会や最高裁判所の軽視，大統領の権力（行政権）の強化をもたらしている。これはアメリカの歴史上，もっとも重大な憲法上の修正といってよいだろう。

起源

アメリカ合衆国は1776年，トーマス・ジェファーソンが起草した独立宣言によって誕生した。この独立宣言は，イギリスに統治されていたアメリカの13植民地（邦）が，本国の圧政に対してつきつけた，一種の抗議文だったといえるだろう。

その後，13植民地（邦）は州となり，連帯を維持するために最初の連邦憲法ともよばれる連合規約を結んだ。連合規約は必要最小限の規則をまとめたもので，なによりもまず13州の主権と独立を尊重し，修正にはすべての州の批准が必要とされた。連邦の司法権はなく，行政権は連合会議にあたえられたが，それは立法権に由来するもので，連合会議の会期中には機能しないという非常に弱体なものだった。

〔右頁上〕1787年9月17日に署名された，アメリカ合衆国憲法の第1ページ——翌1788年に批准された簡素で短いこの憲法は，7条からなり，最初の3カ条で連邦政府の3権（立法，行政，司法）が定義されている。

1791年には，連邦政府

に対して個人の自由を保障する，10カ条の修正条項からなる権利章典がつけ加えられた。

その後，憲法の修正は17回行なわれている。南北戦争後に定められた修正第13条から第15条（奴隷制度の廃止，各州における自由の保障，黒人参政権）は，革新的な修正である。一番新しいものは修正第27条で，1992年に成立した。

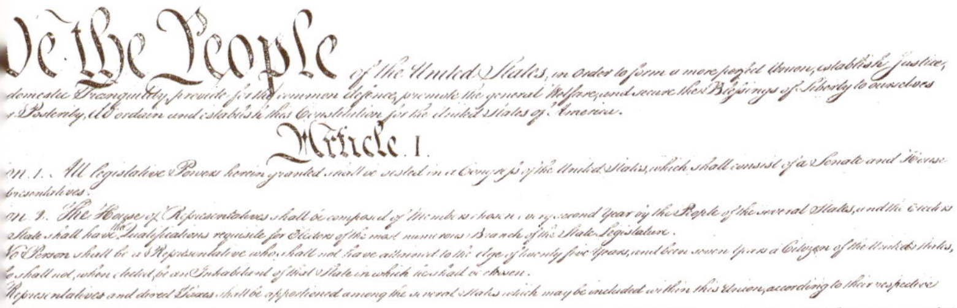
Ve the People of the United States, in Order to form a more perfect Union, establish Justice,
domestic Tranquility, provide for the common defence, promote the general Welfare, and secure the Blessings of Liberty to ourselves
r Posterity, do ordain and establish this Constitution for the United States of America.
Article. I.
on. 1. All legislative Powers herein granted shall be vested in a Congress of the United States, which shall consist of a Senate and House
resentatives.
on. 2. The House of Representatives shall be composed of Members chosen every second Year by the People of the several States, and the Electors
State shall have the Qualifications requisite for Electors of the most numerous Branch of the State Legislature.
No Person shall be a Representative who shall not have attained to the Age of twenty five Years, and been seven Years a Citizen of the United States,
o shall not, when elected, be an Inhabitant of that State in which he shall be chosen.
Representatives and direct Taxes shall be apportioned among the several States which may be included within this Union, according to their respective

⇦フィラデルフィア憲法制定会議でのジョージ・ワシントン――1787年5月から9月まで，13州のうち12州（ロードアイランド州は欠席）の代表者55人が集まり，フィラデルフィア憲法制定会議が開かれた。議長を務めたのは，ジョージ・ワシントンだった。

議論は，州の主権をどの程度まで認めるか，連邦議会に何人の代表者を送るか，強い行政権を設定する必要はあるか，さらには，今後，より強大になることが予想される連邦政府の権力から，個人の自由を守るための権利章典をつけ加えるか否か，ということにまでおよんだ。当然のことながら，奴隷制度についても議論された。

このように合衆国憲法は，いくつもの妥協を基礎とする「不安定な建物」として理解する必要がある。もっとも，議論の過程は完全な形で公表されなかったので，部分的にしか知られていない。

だが，連邦に次々と生じる経済的・政治的・軍事的問題に対処するには，連合規約では不十分であることがすぐにあきらかになる。そこで1787年，「より完全な連邦体制」をつくるため，フィラデルフィア憲法制定会議が，こんにちまで続くアメリカ合衆国憲法を採択した。この憲法によって，強力な連邦行政権をもつ合衆国大統領と国家の権力を，複数の機関に分散させて相互に抑制しあう権力分立の制度が誕生した。

さらに1791年には，権利章典が批准された。これは合衆国憲法修正第１条から第10条にあたるもので，連邦政府の権力から個人の自由を守るための規定である。

以来，この体制はほとんど変化していない。大統領，議会，最高裁判所という３つの権力と，連邦政府と州政府という２

⇧上院で発言するダニエル・ウェブスター ——19世紀，上院は国政の中心舞台となった。北部の自由州と南部の奴隷州のあいだで，奴隷制に関する激しい議論が生じたからである。南部の議員は奴隷制度を擁護し，北部の議員は1830年代に奴隷制度の廃止を主張した。

ウェブスターの他，ヘンリー・クレイ（奴隷制度に関するミズーリ協定の立役者），ジョン・カルフーン（連邦法無効論を主張した人物）といった議員たちは，行政府を抑制する力をもった上院の「黄金時代」を代表する人びとである。

つの異なった種類の権力が，それぞれ自分たちの利益に反する変化を阻止するための手段をもっているからである。さらに憲法を修正するための手続きは厳しく制限されており，一時的な大衆の熱狂によって修正が実現することはない。憲法第５条によれば，両院の３分の２以上の賛成によって発議され，全州議会の４分の３以上の承認がなければ，憲法を修正することはできない。つまり，憲法の修正が行なわれるのは，事実上，非常に重大な危機に直面したときだけなのである。

ほとんど変化していない連邦議会

1788年に批准された憲法と，21世紀初頭のこんにちの政治状況をくらべてみると，まず立法を担当するアメリカ合衆国連邦議会（上院と下院）が，200年以上ものあいだ，ほとんど変化していないことがわかる。

もちろん上院議員の数（各州から２人ずつ）と下院議員

の数（各州の人口に比例した数）は，連邦に新しい州が加入するたびに増加してきた。最後に1959年，アラスカ州とハワイ州が連邦に加わり，全部で50州となって，上院議員の数は100人に達している。下院の議席数は，1910年に435人と定められた。こうした議員数の変化は，当然のことながら両院の審議と決議の方法を変えることになった。

もうひとつの変化は，1913年に採択された修正第17条による変化である。上院議員はそれまで各州の州議会によって選出されていたが，以後，各州での直接選挙によって選ばれるようになった。

最後に，ゆっくりとではあるが確実に，両院の序列が逆転したことが指摘できる。主権をもつ国民を直接代表するという理由で，はじめは下院のほうが権威をもっていた。しかし20世紀に入ると，外交案件や指名人事の承認権（憲法の表現を使えば「助言と同意」）という特別な権限をもち，任期が長く（上院議員は6年，下院議員は2年），議員数が少ないためにより大きな言論の自由を行使することができ，議決での1票が下院よりも重みのある上院が，下院の地位にとっ

⇩下院の開会式で行なわれた議員の宣誓（1989年1月4日）――国民を直接代表する機関として設置された下院は，20世紀末になると，しだいに国民から離反していくようになった。議員の再選に有利なように，党利党略を優先した選挙区割りが行なわれ，むしろ上院よりも大衆の意見の変化を感じとることができなくなったからである。両院はどちらも，首都ワシントンD.C.の連邦議会議事堂に置かれている。

てかわることになったのである。

だが大きく見ると，アメリカ合衆国連邦議会の基本的な部分は，誕生当初からほとんど変化していないといえるだろう。

権威は一定しないが，決して第１の権力の座につくことはない最高裁判所

1803年の「マーベリー対マディソン事件」で，法律が憲法に違反するか否かを審査するのは，司法の独占的な権限であるという判決が出された。それ以来，アメリカ合衆国連邦最高裁判所も連邦議会と同じく，基本的な部分はほとんど変化していない。

しかし，最高裁判所の権威が低下した時期も何度かある。たとえば1857年の「ドレッド・スコット対サンフォード事件」では，奴隷制度をめぐる議論に終止符を打つために下した判決が，かえって議論を激化させ，南北戦争を誘発する原因となってしまった。また，1930年代には大恐慌に対する政策として，ルーズヴェルト大統領は，政府が経済に積極的に介入するニューディール政策を実施した。最高裁判所はその政策が違憲であるという判決を出したが，1937年以降は政治的圧力に屈し，合憲性を認めている。

一方，最高裁判所の権威が高まった時期もある。1953年から69年まで，アール・ウォーレン（右頁上の写真中央）が最高裁判所長官を務めた時期がそうだった。この時期，最高裁判所は数多くの社会問題に対してリベラルな憲法上の判断を下し，投票権，プライバシー権，被告人の権利の見直しに関する自由を認め，アメリカ社会に新しい時代をもたらすことになった。

そもそも憲法の本来の趣旨では，連邦最高裁判所には，立法，行政，司法の３権と，連邦政府と州政府の権力という，

↖連邦最高裁判所長官ジョン・ロバーツ――同じく保守派のウィリアム・レンキストのあとを継ぎ，2005年に最高裁判所長官に任命された。

最高裁判所長官は，特別な権限をほとんどもたない。その主な権限は，判決文を書く判事（多数派の判事に限定）を指名する，合衆国で一番地位の高い司法官として全司法官の代表とみなされる，大統領が弾劾裁判にかけられる場合，裁判長を務める，という程度である。

⇦最高裁判所長官アール・ウォーレンと判事たち（1953年）——大統領は上院の「助言と同意を得て」最高裁判所の9人の判事を任命するが，この任命は，ときとして意外な結果をもたらす。

1953年，保守派のアイゼンハワー大統領は，カリフォルニア州知事アール・ウォーレン（写真中央）を連邦最高裁判所長官に任命した。ところが予想に反して，ウォーレンが長官を務めた1953年から69年までの最高裁判所は，アメリカ史に残る画期的な判決を次々と下し，リベラルな憲法解釈を行ない，当時の判例はいまだに保守派から異議を申し立てられている。

たとえば，1954年の「ブラウン対トピーカ市教育委員会事件」では，公立学校における人種隔離を違憲とした（⇙）。また，少数派の権利をより十分に守るために権利章典を各州にも適用し，修正第1条を新しく解釈して政教分離を実現し，「プライバシー権」を確立し，選挙における「ひとり1票」の原則を合憲とした。

⇦学校での人種隔離に反対するデモ（1960年）

2種類の権力のバランスを調整する役割があたえられていた。憲法制定時にアレクサンダー・ハミルトンが書いた憲法擁護論『ザ・フェデラリスト』の第78編には，司法権は「3権のなかでもっとも危険が少ない」という有名な言葉がある。

過去40年のあいだ，アメリカの政界においては，大統領の所属政党と議会の多数党が別という変則的な時期が長く，妊娠中絶や積極的差別是正措置や同性結婚といったテーマに関する「文化戦争《カルチャー・ウォーズ》」が行なわれ，1960年代の最高裁判所で認められた多くの自由に対し，徹底的に異議を申したてる保守的な動きが水面下で広がっていった。そうした状況のなか，最高裁判所の影響力はたしかに増大しているが，それでもなお，最高裁判所は依然として「3権のなかでもっとも危険が少ない」機関であり続けている。

〔右頁〕合衆国と建国当初の13州を表わす，14の標章にかこまれたジョージ・ワシントン——このデザインは，連邦国家の中心が大統領であることと，君主制に陥らぬよう憲法上の制限が設けられていることを，同時に表現したものである。現在でも，あらゆるアメリカの政治演説の背後には，依然としてワシントンが存在している。彼は一貫して，すべての行為を憲法の合意のもとに解釈することができた，建国者たちを代表する人物である。

大統領の権力：奇妙な起源

⇧羊皮紙に書かれた権利章典の複製——権利章典は州政府の権力からではなく，連邦政府の権力から個人を守るために制定されたものである。

それに対して大統領の権力である行政権は，3権のなかで憲法制定時の意図から，まちがいなくもっともかけ離れてしまった権力といえる。1787年に署名された合衆国憲法では，主権は国民と州政府にあたえられ，同時に連邦政府が置かれた。これは，連邦政府に強すぎる行政権をもたせず，専制政治に陥る危険性を排除することが目的だった。

行政権は，強大な対抗勢力によって規制されていただけではない。1791年に批准された権利章典によって，連邦政府，つまり合衆国大統領の権力から，言論の自由，信教の自由，規律ある民兵が武器を携帯する自由，さらには被告人の権利といった国民の基本的自由が守られることになった。

そもそもアメリカ合衆国大統領の権力は，変化する新国家の現実のなかから，非常に独創的で大胆な制度として生ま

れたものだった。各州は，すでに強力な州議会をもち，それらが実際に機能していたにもかかわらず，まったく新しい試みとして，連邦行政府を創設することになった。そのトップの職名をどうするかという点ですら，合意を得るのが難しかったほどだった。しかしフィラデルフィア憲法制定会議での議

論で，ようやく「大統領《プレジデント》」と名づけられることが決まった。

大統領の権力は，合衆国憲法（第2条）のなかにはっきりと明記されており，その一方で，具体的な運用面について，憲法はほとんど沈黙している。政治学者マリ＝フランス・トワネは，そのことを次のように表現している。

「憲法は，大統領の権力についてのべながら，あいまいな制度を描いている。しかし，この弱点が逆に力となった。潜在的なものでしかなかった大統領の権力が，現実のものになっ

たのだ」。実際，大統領の権力はまたたくまに，潜在的なものから現実的なものへと移行していった。

憲法制定時から21世紀にかけて行政権が拡大した一番の理由は，国際社会におけるアメリカの地位の変化にある。建国時はヨーロッパ圏のはずれに位置する，おもに物理的な距離によって守られた無力な国だった。ところがそれから200年後，アメリカは経済的にも軍事的にも，世界一の大国となった。当然のことながら，軍事的予測，ドルの役割，エネルギーや財の消費，国際連合や国際通貨基金といった国際機関における影響力などによって，アメリカは世界貿易の中心に位置している。

ジョージ・ワシントン，アンドリュー・ジャクソン，エイブ

⇙ヤルタ会談でのウィンストン・チャーチル，フランクリン・ルーズヴェルト，スターリン（左から）——1945年2月，クリミア半島のヤルタで，ルーズヴェルト大統領は，イギリスの首相チャーチルとソ連の指導者スターリンと共に，第2次世界大戦後の処理に関する協定を結んだ。だが，その年の4月にルーズヴェルトは亡くなり，後継者となったハリー・トルーマンが，同年6月26日にサンフランシスコ会議で国際連合憲章に署名した（⇩）。

⇦ジョージ・ワシントンの肖像が印刷された1ドル札。

ラハム・リンカーン，フランクリン・ルーズヴェルトといったアメリカの偉大な大統領たちが，みずからの理想を実現するために努力した結果，途方もなく強大なアメリカという国家が形成されていった。そしてそれは大統領の権力（連邦行政権）そのものを，大きく変貌させていったのである。

第2次世界大戦後，アメリカは歴史上はじめて，新しい世界秩序の中心に立った。そしてアメリカ大統領もまた，東西両陣営の対立における，強力な政治的リーダーとなった。その結果，大統領が行政権を行使する上で，国家元首としての力と軍最高司令官としての力が前面に出るようになり，国内問題に関する責任は二の次になっていった。

大統領の権力が強化され，外交と内政のあいだに溝ができたことで，大統領の権力は次第に歯止めを失っていった。その結果，リンドン・ジョンソンはベトナム戦争を泥沼化させ，ニクソンは世界の覇権をねらい，レーガンはイランへ武器を売却してその代金をニカラグアの反政府組織に流すというイラン・コントラ事件（⇨p.116）を起こした。そしてブッシュJr.もまた，イラク戦争を開始した。

❖大統領の権力には，憲法第２条ではっきりと明示されているものもあれば，条文の解釈にもとづく暗黙の権力もある。大統領の実際の職務と，大国となったアメリカの歴史が，事実上，新しい憲法をつくりだしていったといえるだろう。……………………………

第２章

帝王的大統領制へ──憲法第2条の変貌

〔左頁〕一般教書演説を行なうジョージ・W・ブッシュ Jr.──大統領が議会に立法を勧告する一般教書演説は，アメリカの政治において重要な意味をもっている。

2002年1月29日のこのブッシュ大統領の一般教書演説には，同時多発テロ事件の痕跡がはっきりとしるされていた。

⇨ブッシュ大統領が連邦憲法を白紙委任状のように解釈していることを風刺した戯画──大統領の権力を定めた憲法第2条の順応性は，たびたび風刺画などで揶揄されている。この風刺画は，ブッシュ大統領が，憲法の書かれた紙から「私を信じなさい」という文字を，はさみで切り出しているもの。

短い任期

合衆国憲法第2条は，大統領の権力に，さまざまな制限を加えている。まず，大統領の任期は4年である。これは上院議員の任期が6年であることを考えると，かなり短いといってよいだろう。また大統領は，国民の直接選挙によって選ばれるのではなく，大統領を選ぶ権限をもつ選挙人を介した間接選挙によって選ばれることになっている（もちろん，一定の年齢に達し，投票権をもつアメリカ人の総意によって大統領が選ばれるという事実は，強調しておく必要があるが）。

当初，憲法には，大統領の再選回数に制限はなかった。ただ初代大統領ジョージ・ワシントンが，1796年に3期目の出馬を拒否したため，大統領職は2期までという慣習が生まれ，その後の大統領たちもそれを不文律のルールとして守っていた。だが1940年，フランクリン・ルーズヴェルトがそのルールを破り，3期目の大統領選に出馬し，選出された。

第2次世界大戦中という特殊な状況下だったこともあり，ルーズヴェルトは1944年にも出馬し4選された。この長期にわたる民主党政権に反発した共和党幹部からの批判もあり，大統領職は2期までという修正第22条が1947年に可決，51年に批准された（⇨p.111）。こうして3選が憲法で禁じられたため，歴史上，3選以上された大統領は，フランクリン・ルーズヴェルトただひとりとなっている。

また，もともとは大統領選での得票数が次点の候補者が副大統領になることが，憲法で定められていた。だがこの規定に従うと，たとえ当時は政党が存在していなかったとはいえ（憲法では政党についてはまったく触れられていない），大統領と副大統領が別々の勢力基盤から選ばれることになり，副大統領にはほとんど実際の権限がないという点を考慮

⇦1940年のフランクリン・ルーズヴェルトの3選に反対する共和党のバッジ――この選挙では，孤立主義の支持者とニューディール政策への反対者が，いずれもルーズヴェルトの3選に反対した（⇧4選反対のバッジ）。

しても，行政府が分裂し弱体化するという弊害は避けられなかった。そこで1804年に承認された修正第12条により，大統領と副大統領は別々に投票されることになった（⇨p.110）。

国家元首であり，外交政策の指導者

行政府のトップである大統領は，国家元首であると同時に，内閣の長でもある。権力分立の制度によって，アメリカの閣僚は大統領に対してだけ責任を負っている。そして国家元首の役割から派生して，大統領は外国との関係における国家の代表権も保持している。つまり，アメリカの外交政策における指揮権は，連邦議会ではなく行政府にあるのである。

憲法では，外交政策の指導者としての大統領の役割は

⇦シカゴで開かれた民主党大会で，フランクリン・ルーズヴェルトを支持する人びと（1944年7月）――大統領は2期までという不文律を破り，1940年に3選されたフランクリン・ルーズヴェルトは，さらに4選をめざし，1944年の大統領選にも出馬した。当時，ヨーロッパでも太平洋でもまだ第2次世界大戦が継続中で，7月に開かれた民主党大会のおもなスローガンは，軍隊と外交交渉によって確立される「恒久平和」だった。

このスローガンは，とくに戦時下で，軍最高司令官と国家元首の役割が錯綜した大統領の常套手段となった。そしてこの1944年以降，1948年には冷戦，1952年には朝鮮戦争，1964年，68年，72年にはベトナム戦争といった具合に，国際問題や戦争が大統領選挙の焦点となっていく。

⇧1944年のルーズヴェルトの４選を支持する民主党のバッジ。

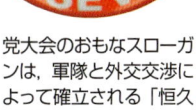

⇧北京を訪問したリチャード・ニクソン――1972年の中国訪問によって，アメリカは中国を国家として承認した。これはニクソン大統領と国家安全保障担当補佐官ヘンリー・キッシンジャーが綿密なプランを立てて行なったことだった。

ニクソンはこれに先立つ1969年に，南ベトナム解放戦線を支援するカンボジアとラオスに対し，爆撃命令を出している。

冷戦の流れと地政学的バランスを大きく変えることになったこのふたつの決定は，連邦議会の対抗勢力の影響から切りはなされて機能する大統領の権限によっている。

明示されていない。しかし，その役割があるとみなされる一連の条項がある。事実，外国と条約を締結する権限をもつのは大統領だけである（ただし，その条約が適用されるためには，上院で出席議員の３分の２が賛成する必要がある）。また，大統領は上院の助言と同意を得て大使を任命し，外交使節を受け入れる（接受《せつじゅ》する）こととされている。

さらに，他国との外交関係を確立したり断絶するにあたって，大統領は主導権を握っている。たとえば，リチャード・ニクソンはそれまで長いあいだアメリカと対立を続けていた中華人民共和国を国家として認め，国交を樹立することを独断で決めた。これは冷戦の新しい時代の幕開けとなる非常に重要な出来事だった。この例を見るだけでも，大統領がどれほど強大な権力をもっているかがわかるだろう。

こうした外交に関する大統領の権力は，大統領自身の意思に左右されると同時に，上院がどの程度反対することができるかによっても異なる。しかし，よほどのことがないかぎり，上院は大統領によって進められる政策に反対意見をのべたり，その政策に対する代替案を示して真っ向から対決を挑むことはしない傾向にある。

大統領が越権行為をしても，とくに大統領の所属政党と連邦議会の多数党が同じ場合，たいてい上院はそれを黙認する。外交政策は行政権の拡大をもたらすことになる主要な分野であり，議会と大統領の対立は，より身近な国内問題に関する分野で起こることが多い。そのため大統領は思う存分，外交政策で自分の力を発揮することができる。

⇩NAFTA（北米自由貿易協定）のロゴ
⇩⇩NAFTAに署名するビル・クリントン——1993年12月8日にクリントン大統領が，アメリカ，カナダ，メキシコのあいだで結んだ自由貿易協定であるNAFTAに署名したことは，大統領の権限の継続性を示している。

NAFTAの交渉をはじめたのは共和党のブッシュ・シニア大統領で，批准のために上院の承認を得なければならなかったのは，新大統領となった民主党のクリントン大統領だった。この措置によって，民主党のおもな政治支援団体である労働組合へのクリントンの立場は弱くなった。

軍最高司令官としての大統領

外交政策の指導者としての大統領の役割は，憲法第２条第２節第１項（⇨p.106）で明記されている軍隊の最高司令官としての役割の延長であり，その役割によって支えられている。これは憲法制定当初は予想もされていなかった事態である。だが現在では大統領は，外交面での主導権を握るため，軍最高司令官としての強大な権力を利用しているといえるだろう。

宣戦布告は連邦議会だけがもつ権限で，戦争における財政面の管理も議会の役割である。にもかかわらず，大統領制を論じる歴史家や評論家たちはすべて，この軍最高司令官としての役割こそが，とくに現代において，アメリカの行政権を強化した原因であると考えている。アメリカの歴史家アーサー・シュレジンガーは，2004年にこういっている。

「冷戦というこの慢性化した国際的危機は，ほとんど君主制に等しい特権を行使する自由を，大統領にあたえることになった。もともとは一時的に大統領にゆだねられた特別な権限だったものが，憲法に則ってあたえられた大統領固有の権限であるかのように体系化されたのである。そこから帝王的大統領制《インペリアル・プレジデンシー》が誕生した」

実際，19世紀から20世紀初頭まで，アメリカはそれほど多くの戦争を行なっていない（行なった場合でも，短期間で終結させている）。しかし，1941年の第2次世界大戦参戦後は，朝鮮戦争（1950～53年），ベトナム戦争（1964～75年），そして2008年で6年目になるイラク戦争というように，いくつもの長期にわたる戦争を行なっている。戦時中の憲法と平時の憲法はまるで別個のように解釈され，その結果，大統領の手にますます権力が集中し，連邦議会と最高裁判所はそれを尊重せざるを得ない状況が生まれているのである。

宣言せずに戦争をする

戦争は，アメリカの政治においてしだいに重要な位置をしめるようになった。そして1945年以降，戦争の性質そのものも

変化していった。たとえば連邦議会が正式に宣戦布告をした戦争は，第２次世界大戦が最後である。それ以後，合衆国憲法で定められた宣戦布告の権限を，議会が何度かとり

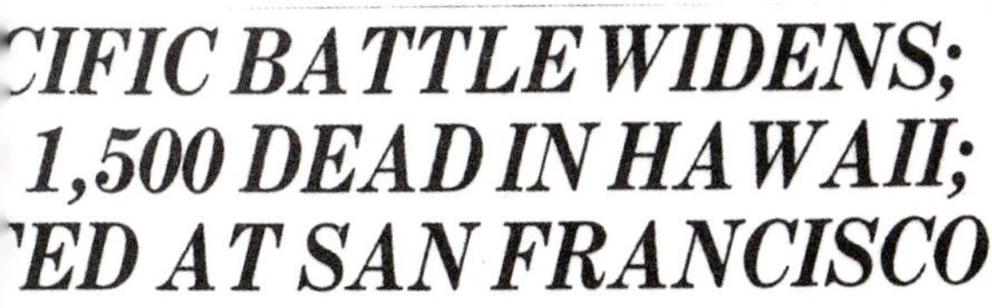
CIFIC BATTLE WIDENS;
1,500 DEAD IN HAWAII;
ED AT SAN FRANCISCO

もどそうとしたものの，結局は失敗に終わっている。

そしてついに大統領は，議会が戦争を宣言しなくても，軍隊を外国に派兵することができるようになっていった。議会の承認を得るだけで，外交戦略を理由に（朝鮮戦争ではトルーマン大統領が，ベトナム戦争ではジョンソン大統領が，正式に宣戦布告をすると中国やソ連の参戦を招く危険性があると考えた），あるいは戦争を宣言できるような政府が存在しないとの理由で（同時多発テロ事件後のタリバン政権下のアフガニスタンや，アメリカが「対テロ戦争」とよんでいるもの），武力を行使することができるようになったのである。

また，たとえばイラク戦争のように，国際連合の決議を実行させたり，国際法を遵守させるための警察活動として展開される武力行使の場合も，同じことがいえる。

実際問題として，アメリカの帝王的大統領制は，アメリカの安全に対する脅威が存在するということを根拠に，行政府の特別な権限が一般化することによって生みだされたものなのである。

⇦第2次世界大戦でのアメリカの宣戦布告を告げる1941年12月9日の『ニューヨーク・タイムズ』

〔左頁下〕ベトナム戦争でのアメリカ軍のヘリコプター。

⇩イラク戦争でのブッシュJr.大統領――こうした相次ぐ戦争は，大統領の権限を強化する一方，大統領の座そのものが戦争の結果に左右されるという不安定な状況を生みだした。

任命することは，すなわち統治することである

憲法によって大統領にあたえられた重要な権限として，任命権がある。大統領は上院の「助言と同意を得て」，閣僚，大使，最高裁判所，控訴裁判所，地方裁判所の判事にいたるまで，すべての連邦公務員を任命する。

ごくわずかな例外をのぞけば，閣僚や大使の任命が，問題を引きおこすことはない。あきらかに能力がなかったり，人格に問題がある場合や，情実や身内を優遇したケースでないかぎり，大統領に彼らを自由に選ぶ権利があることは，当然のことと考えられている。そして選ばれた閣僚や大使は，つねに大統領の意思に従って仕事をし，いつでも職を追われる覚悟をもっている。もちろん大統領の任期が終わったら，自分の役目が終わることもよく理解している。

それに対し，裁判官の任命はつねに大きな問題を引きおこしてきた。連邦裁判所の判事には定年がなく，みな終身制であるため，大統領は自分の任期が終わったあとも，司法に影響をおよぼすことができるからである。

たとえば，フランクリン・ルーズヴェルトは上院議員のヒューゴ・ブラックを1937年に，SEC（証券取引委員会）委員長のウィリアム・O・ダグラスを1939年に，それぞれ最高裁判所判事に任命したが，ブラックは1971年まで，ダグラスは1975年までその職にとどまった。ふたりは，ルーズヴェルトのあとを継いだトルーマン，アイゼンハワー，ケネディ，ジョンソン，ニクソンの任期中も，最高裁

〔左頁〕『タイム』の表紙を飾るロバート・ボーク（左）と，ボーク反対デモのプラカード（右）
⇦1981年にバーガー長官の前で宣誓するサンドラ・デイ・オコナー――穏健派のルイス・パウエル連邦最高裁判所判事が辞任を表明したあと，1987年7月にレーガン大統領は後任にロバート・ボークを指名した。ボークは，著書のなかで最高裁判所の「リベラル」な判例を激しく批判する保守派の法学者で，ウォーターゲート事件のときにはアメリカ合衆国訟務長官を務めていた人物でもある。
上院司法委員会で長期間にわたる公聴会が開かれたあと，ボークは上院によって任命を拒否されたが，これは1935年以来のことだった。国民の権利や女性の権利を擁護する団体が，新しく上院の多数派をしめた民主党の支持を得て，勝利を収めることになったのである。
さらにレーガン大統領は，連邦最高裁判所判事にはじめて女性を任命した人物としても，歴史に残っている。その女性はサンドラ・デイ・オコナーで，彼女は25年間最高裁判所判事を務めた（⇖）。1994年には，ルース・バーダー・ギンズバーグが女性としてふたりめの最高裁判所判事に任命されている。

判所で職務に励んでいたのである。最高裁判所だけではなく，控訴裁判所や地方裁判所の判事の任命も，基本的に大統領の意のままだといえる。

そういうわけで，大統領の任命権はふたつのはっきりとした特徴をもっている。まず，大統領が連邦議会と最高裁判所に対して，閣僚や判事の任命権をもっている一方，連邦議会と最高裁判所側には，それに匹敵するような行政府に対する権限がない。名目上は大統領の任命権に対する制限(任命にあたって，大統領は上院の「助言と同意」を得る必要がある)が存在するものの，ほとんど実質がない。なぜなら，上院の多数党が大統領に反対している場合と，候補者がもし判事になったとき「あきらかに」政治的な問題が生じる場合だけしか，この制限は機能しないからである。

外交や戦争の場合と同じく，ここでもいわゆる「抑制と均衡《チェック・アンド・バランス》」のシステムは不均衡にしか働かない。そのため任命における主導権をもつ大統領が，圧倒的な優位に立っているのである。

行政府の立法権：法案に署名する，あるいは拒否権を行使する

合衆国憲法が，立法権をすべて連邦議会にゆだねていることはあきらかである。だが，法案が成立する過程において，大統領は積極的に影響力を行使することができる。

その第１の根拠は，憲法第１条第７節第２項に由来する。「下院および上院を通過した法案はすべて，法律となる前に，合衆国大統領に提出されなければならない」。大統領はその法案に署名するか，または拒否権を行使する必要がある（⇨p.133）。大統領に拒否された法案は，ふたたび両院の３分の２の賛成があった場合のみ，法律となる。

大統領に提出された法案が10日以内に議会に返還されない場合は，大統領が署名した場合と同じく法律になる。一方，法案の提出後10日以内に議会が休会に入ったとき，大統領がその法案に署名しなければ法律にならない。これを「ポケット拒否権」とよぶ。大統領が法案をポケットに入れて握りつぶすイメージから生まれた言葉である。ポケット拒否権は目立たず行うことができ，通常の拒否権と同じ効力をもつ一方で，拒否する理由を公表する必要がないという政治的利点（大統領にとって）をもっている。

拒否権の問題に関しては，合衆国憲法の条文と，18世紀末から現在にいたるまでの実態をくらべてみても，ほとんど意味がない。というのも，憲法には，政党についての記載がどこにもないからだ。それは憲法制定者たちが，できたばかりでまだ不安定な合衆国の統一が，分裂によって脅かされることを恐れていたからだろう。しかしその後すぐに，同じくらい組織化された力のあるふたつの政党，民主党と共和党が誕生した。どちらかの政党が両院の３分の２をしめる事態は，めったに起きない。この結果，議会が大統領の拒否権にあった場合，法案を成立させることはほとんど不可能になっているのである。

⇩社会保障カード――アメリカの年金制度をつくった1935年の社会保障法は，フランクリン・ルーズヴェルト大統領の功績と考えられている。

⇦老人ホームを訪問中のリンドン・ジョンソン大統領（1965年）――大統領の力による立法化のなかに，メディケア制度がある。この女性は，すべての高齢者が医療扶助を受けることができるよう社会保障法を修正したジョンソン大統領に，感謝の気持ちを示している。

低所得者のための医療扶助であるメディケイド制度と共に，メディケア制度はジョンソン大統領の「偉大な社会」計画の大きな柱のひとつだった。

同じ1965年に，連邦議会は投票権法を可決した。これによって黒人にも投票権が認められるようになり，アメリカの選挙地図が塗りかえられていくことになった。

拒否権は非常に強力な武器であり，多くの場合，大統領は拒否権の行使をちらつかせるだけで，議会を黙らせることができる。両院における民主党議員と共和党議員の数が半々に近ければ近いほど，大統領の拒否権は力をもつようになる。もっとも，自分の所属政党が議会で多数派を占めていない場合，大統領が拒否権を行使することは，まれである（たとえば共和党のジョージ・W・ブッシュ Jr. は，2007年から08年に民主党が議会を支配していた時期を含め，２期の任期中にほとんど拒否権を行使していない）。

アメリカの政治史を通して，行政権のさらなる拡大につながる拒否権の行使について，論争が続いている。というのは，

⇧「ひとり1票」と書かれたSNCC（学生非暴力調整委員会）のバッジ――連邦議会と連邦最高裁判所と公民権を守る諸団体の協力を物語っている。

⇦1948年の大統領選挙で，共和党候補者トマス・デューイに投票しないようよびかける民主党の絵葉書——民主党のトルーマン大統領は，共和党が提出した労働組合の影響力を制限するためのタフト・ハートレー法に，拒否権を行使した。この絵葉書は，そのことを有権者に思いださせようとしている。

憲法が大統領にあたえているのは法案全体に対する拒否権であり，その一部だけを拒否する自由は認められていない。ところが，予算をはじめとして，テロに関する法案など，提出される法案の多くが，政府の円滑な運営や国家の安全にかかわるテーマを数多く含んでいる。そのため，大統領が賛成したくない条文を議会が法案のなかにしのばせていても，それに拒否権で対抗すると，大統領は政治的に大きなリスクを負うことになる。

大統領がこの問題を回避するためには，3つの方法がある。ひとつは，あらかじめ連邦議会と交渉すること，つまり議会に根回しをすることである。2つめは，項目別拒否権を行使すること。これは，1996年から98年までの非常に短い期間だけ認められた方法である（1996年にクリントン大統領が議会から項目別拒否権を認められたが，1998年の「クリントン対ニューヨーク市事件」で，最高裁判所は項目別拒否権に違憲の判断を下し

た)。3つめは大統領署名声明であり，これは大統領が法案に署名するとき，法案のなかの一部の条項が憲法にそぐわないと判断し，その条項は適用しないと表明する文書である。

いずれにせよ，どのような形をとるにしても，大統領は拒否権という恐るべき武器によって，法案に圧力をかけることができるのである。

⇧2004年度予算——行政府のトップである大統領は，連邦議会に予算の原案を提出する。議会はそれを審議し，「起草」して可決する。大統領は，項目別拒否権が使えない場合，提出された予算案をすべて承認するか，すべて拒否するか，いずれかを選ばねばならない。

予算発議権

ほかにもいくつか，大統領の立法権を拡大させる根拠となる憲法の条項がある。まず，第2条第2節第1項で，大統領は「行政各部の長官から，それぞれの職務に関するいかなる事項についても，文書による意見を求めることができる」と定められている。たとえば防衛問題でいえば，国防予算を決定する権限は連邦議会にあるが，予算案がつくられる前に，大統領はあらかじめ，どの程度の規模の部隊が必要であるかを国防長官にたずねることができるというわけである。

また，憲法第1条第8節第1項によると，連邦議会は「租税，関税，賦課金，消費税を徴収」し，「共同の防衛および一般の福祉に備える」権限をもっている。しかしこんにちでは，実際には，まずはじめに大統領の意向が反映された原案が作成されている。

一般教書演説

憲法には，大統領の立法権限がもうひとつ定められている。第2条第3節で，「大統領は連邦議会に対し，随時連邦の状況に関する状況を提供し，みずからが必要かつ適切と考える施策について，議会に審議を勧告する」とされているのである。この条文は，時期についても実際の方法についても非

〔左頁下〕ベトナム戦争における人的・金銭的損失を告発するポスター——ベトナム戦争は，一度軍隊が戦場に送られてしまえば，大統領が軍事に関する財政管理の権限を連邦議会から奪ってしまうことをあきらかにした。拒否権の脅威，愛国心による反応，軍最高司令官の願いといったものが，議会の抵抗をほとんど無力なものとした。イラク戦争の場合も，同じことがいえる。

常にあいまいだとはいえ，そのためかえって大統領にとって有利なものとなっている。

大統領はこの条文を根拠として，国の現状を分析し，具体的な政策を説明する一般教書を連邦議会に送ることができる。この行為によって，大統領は立法に関する主導権を事実上握っているのである。

もともと，一般教書は文書で配布されていた。しかしその後，口頭での演説が行なわれるようになり，現在では，毎年はじめに大統領が両院議員の前で一般教書演説を行なうことが慣例となっている。このときばかりは，いつもは対立する政党に所属し，政治的立場がまったく異なる535人の上下議員が一同に会し，大統領の演説を聞く。

つまり，こうしてみると大統領は，「立法府のトップ」のようにも見える。たとえ大統領の所属政党と議会の多数党が別であっても，一般教書演説のときだけは，議会は大統領が決めた日程通りに集まり，大統領の見解に耳を傾けるのである。

⇩一般教書演説をするジョン･F･ケネディ（1961年1月30日）――ニクソンとの接戦を制し，大統領となったケネディには，さまざまな試練が待ちうけていた。悪化するソ連との関係に対処するにも外交経験が乏しく，出身の民主党内の保守派の抵抗にも立ちむかわなければならなかった。さらに「進歩のための同盟」と呼ばれる南米に対する新しい政策や野心的な立法計画を推進するため，彼はそれまでの大統領たちよりもずっと，連邦議会を越えて直接国民に語りかける必要があった。

行政権限

しかし，おそらくもっとも弾力的な条項，つまりもっとも大統領にとって好都合な条項は，憲法第２条第３節の，大統領は「法律が忠実に施行されるよう配慮」するというものである。この条項によって，大統領は多くの技術分野において，

立法権と似た大きな権限をあたえられている。実際問題として，法律が議会で可決され，大統領によって署名されたあとは，その法律を適用するかどうかは大統領の意思次第なのである。

大統領は，直属の連邦政府機関を通して，それらの法律の技術的・法的・商業的基準を定めることができる。また，それらの基準を適用しない場合は，多少とも計画に基づいた見通しを立てておくこともできる（20世紀初頭の独占禁止法がこれにあたる）。

たとえば原子力の分野でいうと，法律を制定するのはもちろん連邦議会だが，科学的な基準や手順を確認しながらその法律を起草するのは，1974年に設立された政府機関の原子力規制委員会（その前身は1946年につくられた原子力委員会）である。同じことが，環境分野についてもいえる。1970年から活動している環境保護庁は，汚染者を起訴する決定を行なったり，汚染物質の許容値の設定をする際に重要な役割を担っている。

⇧⇧スリーマイル島原子力発電所を訪問したカーター大統領
⇧原子力規制委員会の標章――1979年に起きたスリーマイル島原子力発電所事故にまつわる論争と調査は，原子力規制委員会のような政府機関や委員会の地位のあいまいさを明るみに出した。事実，これらの機関や委員会は，行政府の出資と支援に依存している。

また，雇用の際の差別（人種，性別，年齢，国籍，同性愛者であるか否か，宗教など）を撤廃することをめざしているすべての法的機関は，EEOC（雇用機会均等委員会）の管轄下に置かれている。EEOCは一定の条件を定め，それを満たす雇用者に「雇用機会均等者」の資格をあたえている（この資格をもつ雇用者は，訴訟の際に政府の支援を得ることができる)。さらに，EEOCは法の適用と訴訟手続きの開始時期の決定権もあたえられている。

そういうわけで，こうした機関のトップを任命する大統領は，連邦議会によって可決された法律に対し，自分がその目的に賛成するか否かによって，まったく違った方向性をあたえることができる。そのような大統領の意向は，「大統領令」

NATIONAL Edition
Chicago Defender
WORLD'S GREATEST WEEKLY

EXTRA — By Executive Order
PRESIDENT TRUMAN WIPES OUT SEGREGATION IN ARMED FORCES

と呼ばれる行政命令の形でもっとも頻繁にあらわれる。大統領令では法律の適用条件を決めたり，行政機関に指示をあたえたり，さらには基本法が存在しない規則を定めることができる。

大統領令のなかには，きわめて基本的で重大な性格をもつものもある。たとえば，トルーマン大統領は政策を批判する反体制派を追放するため，連邦公務員の忠誠審査令を出した。その一方で，トルーマンは1948年にアメリカ軍内での人種隔離を禁じる大統領令も出している。ジョンソン大統領も1965年の大統領令で，差別を積極的になくす政策を推進しようとした。

こうした間接的な方法で，大統領は合憲的な権限の限界を探っていることが非常に

⇩軍隊内での人種隔離を禁じる大統領令を見出しにかかげた『シカゴ・ディフェンダー』の第1面（1948年7月31日）――第2次世界大戦中，米軍ではまだ人種隔離が行なわれていた。トルーマン大統領は南部連合派の保守派の反対を避けるため，連邦議会を通さず大統領令によって人種統合を実現した。

大統領令は，合憲的な権限の限界を探るものが多い。大統領は法の網の目をくぐり，緊急性を口実に，あるいは行政府のトップや軍最高司令官としての権限を理由に，連邦議会を通さず大統領令を出す。そのため，大統領令はひんぱんに訴訟の対象となる。

⇩平等雇用機会25周年のポスター

多い。たとえば最近では，ジョージ・W・ブッシュ Jr. 大統領が軍最高司令官として，相当数の国民の自由を制限するための権限を大幅に拡大したいと主張した。これには似たような先例があり，1942年にフランクリン・ルーズヴェルト大統領は，国家の安全に対する脅威を理由として，西海岸に住んでいた日系人（日系アメリカ人や日本人移民）を強制収容する大統領令を出している。

⇧⇧ポストン収容所（アリゾナ州）のヒラノ一家
⇧ハートマウンテン収容所――1942年に起こった日系アメリカ人の強制収容は，戦時中の大統領がもつ強大な権限によって引き起こされた，きわめて悲惨な出来事として，歴史に記憶されている。

また1952年には，朝鮮戦争時に製鉄業のストを恐れたトルーマン大統領が，製鋼工場を国有化して操業継続を命じる大統領令を出した。連邦最高裁判所は，ルーズヴェルト大統領による日系人の強制収容命令は，軍最高司令官としての責任にもとづく大統領の合法的な行為であると認めた。しかしトルーマン大統領による製鋼工場の国有化命令に対

しては，1952年の「ヤングスタウン・シート&チューブ社対ソーヤー事件」の判決で，製鋼工場の国有化は連邦議会の権限に属するものであるという理由で，大統領令は違憲であるという判断を下している。

このように，大統領はたんなる法律の執行者以上の存在である。事実，大統領は間接的にではあるが，積極的に法律の起草に関与している。

党首

国家の３権は分立しており，それぞれが日常的に協力しあわなければならないアメリカの政治制度において，政府のトップである大統領は，立法的役割をはたすと同時に，事実上所属政党の党首の役割もはたしている。

大統領は連邦議会に対して責任を負わず，議会の解散権ももっていない。さらにアメリカの議会には党議拘束，つまり採決に際して党の方針に所属議員が従わなければならないという慣習が存在しない。このことは，大統領が自分の計画を実現させようと思ったら，選挙によって手に入れた正統性とみずからの説得力だけを武器に，たえず議会と交渉し続けなければならないことを意味している。

⇧共和党候補者としてのキャンペーンを行なうブッシュ Jr.大統領（左から右へ，サウスダコタ州，テネシー州，ケンタッキー州）――2002年に行なわれた中間選挙のとき，ブッシュ大統領は連邦議会で共和党を多数党とするため，前代未聞の精力的な活動を行なった。その努力は，上院・下院共に多数党に返り咲くという結果で報われた。

共和党は大統領に恩返しをすべく，2006年の中間選挙では敗北を喫したにもかかわらず，連邦議会で民主党に激しく抵抗した。実際，議会で少数派となっても，議員たちはリーダーのもとで見事な統制を保った。

そのため歴代の大統領たちは，自分の仕事が成功を収めるためには，自分の所属政党との信頼関係をしっかりと構築できるかどうかにかかっている，ということを早くから理解していた。しかし実際問題として，党と議会の両方をうまく操っていくことは非常に難しい。

大統領は両院の議員選挙で，議員に当選したあとに自分を支持してもらえるよう，所属政党の候補者を熱心に応援してまわる。最近はそればかりではなく，党の日常業務にも目を配り，とくに財政管理や役員候補者の指名に力を注ぐことが多い。

ジョージ・W・ブッシュ Jr. 大統領は，選挙の際に自分の有利になるようにという戦略以上の意図をもって，教会と国家の関係，税制機能，外国で「民主主義をつくりあげる」ための干渉主義において，彼の言葉によれば，共和党を守らなければならない保守的な哲学に関心を示した。このように，大統領は18世紀末には政党から距離を置いていたが，21世紀初頭には，実用面での必要性から，政党政治の中心人物として重きをなしているのである。

⇩1994年の下院における共和党の指導者ニュート・ギングリッチ——民主党のクリントン大統領の任期途中に行なわれた1994年の中間選挙で，ギングリッチひきいる共和党は，1954年以来はじめて両院で多数党となった。

ギングリッチは「アメリカとの契約」と題された極めて野心的な立法計画を立てた。1994年の中間選挙で民主党が大敗したことで，クリントン大統領の党首としての資質の乏しさが問題とされるようになった。

大統領の権力の前で挫折する対抗勢力

⇧ビル・クリントンの弾劾裁判後に行なわれた上院議員の投票のテレビ中継。

制限された権限が記された憲法の条文と，歴史上実行されてきた行政権とのあいだに横たわる，大きなへだたりを見ると，アメリカの政治体制の本質が，対抗勢力のアンバランスな機能に基礎を置いていることがすぐに理解できる。

もともと憲法制定者たちは，国家の３権のそれぞれに，他の２権を牽制するような手段をあたえ，そのことで専制政治に陥ることを避けようと考えた。さらに議会の内部でも，国民の代表（下院）と州の代表（上院）をわざわざ対立させ，そのふたつを統合したものが法律となるようにした。

大統領には重要な権限（たとえば連邦公務員の任命権や外国との条約の締結など）があたえられる一方，上院には「助言と同意」という間接的な役割や，条約の適用のためには出席議員の３分の２の賛成が必要といった，大統領への監督権があたえられた。

最後に，行政府が専制に陥ることを阻止する最終手段として，憲法第２条第４節で

⇦弾劾裁判を報道する新聞――大統領の弾劾裁判について，連邦憲法の規定では，まず連邦下院が国民の名において訴追し，次に連邦上院が連邦最高裁判所長官を裁判長として裁判を行なうとされている。大統領を罷免するためには，上院で出席議員の3分の2が賛成する必要がある。

1999年，ケネス・スター独立検察官によるモニカ・ルインスキー事件の捜査にもとづき，連邦議会はクリントン大統領を司法妨害と偽証の嫌疑で弾劾裁判にかけた。だが上院での採決は50対50で，大統領は無罪となった。

（⇨p.120）

は「大統領，副大統領および合衆国のすべての文官は，反逆罪，収賄罪，またはその他の重罪や軽罪について弾劾され，かつ有罪の判決を受けたときは，その職を免ぜられる」と定められている。宣戦布告もできず，立法府に直接圧力を加えることもできず，判事たちの独立性を侵害することもできない大統領は，理論上，行使できる権限に厳格な枠組みが設けられている。こうした枠組みは，権力を増大させようとする行政府の試みに対し，議会と最高裁判所が自分たちの特権を断固として主張することを前提としていた。

しかし実際には，アメリカの政治体制が大統領制化してきた歴史は，大統領の権力に対する対抗勢力の挫折の歴史だといえる。こんにち，大統領の権力を制限するものは，４年ごとに行なわれる大統領選挙と，３選を禁止する合衆国憲法修正第22条だけといえる。大統領の弾劾裁判はいままで２回行なわれたが（1868年のアンドリュー・ジョンソンと1999年のビル・クリントン），２回とも罷免に必要なだけの賛成票は投じられず，この方法では行政権の拡大を阻止できないことがあきらかとなった。

現代大統領制の歴史を大きな流れで見ると，その政治的背景には，アメリカが危機に陥ったとき，連邦議会と最高裁判所はつねに，行政府がもつ強大な力に逆らうことを断念しなければならなかったという事情がうかがえるのである。

⇩『タイム』の表紙を飾るリチャード・ニクソン（1973年11月５日）——1972年秋以降のメディアの報道は，ウォーターゲート・ビルにある民主党本部への不法侵入事件でもちきりになった。この不法侵入を命じたのが，ニクソン大統領だと

されたからである。自分自身が起訴される危険がせまり，側近たちが上院ウォーターゲート特別委員会に出頭を命じられると，1974年８月にニクソンは辞任した。

だが不思議なことに，この南北戦争以来もっとも深刻な危機が訪れたときでさえ，アメリカの政治制度は通常通り機能し続けたのである。

ERE'S NO DEBATE IN
REAGAN-BUS

❖アメリカ大統領の選挙制度は複雑で，現在ではそこに大きな亀裂とひずみが生じているように見える。2000年の大統領選挙では最高裁判所が結果を判断しなければならず，2004年はジョージ・W・ブッシュ Jr.が表面的な勝利を収め，2008年の民主党予備選挙は前代未聞の大波乱を巻きおこした。そうした事実が，悲観的な現状を裏づけている。いったいなぜ，大統領選挙の制度をめぐる状況は，ここまで悪化してしまったのか。また，さまざまな改革案が出されても，それがことごとく失敗に終わってしまうのは，なぜなのだろうか。……………………………………………………………………

第3章

大統領選挙――疲弊する制度

〔左頁〕1984年の共和党大会――党大会は，よき時代のアメリカ政治の，ほとんど儀礼的な遺物といえる。極めて費用がかかるのに中身のない党大会は，選挙運動での金銭問題に関する論争を白熱させている。

⇨選挙資金という「モンスター」が，すでに議員たちにはコントロールできなくなっていることを揶揄した，ハーブロックの風刺画。

理論と原則

憲法の条文は，大統領の権限については，かなりあいまいに規定しているが，大統領選挙の制度については詳しく明確に規定している。憲法制定者たちは，州を単位とするこの間接選挙の制度により，州の主権を尊重すると同時に，大統領という新しい権力が，国民の自由を侵害することがないよう，あらかじめ歯止めをかけておこうとした。

まず，州の主権を最大限に尊重するため，大統領選挙人というシステムが導入され，さらに各州に割りふられたその選挙人の選出方法は，州ごとに定められることにした。そしてほとんどの州では，その州の選挙人の過半数を獲得した候補者が，すべての票を獲得する。そうすることで，主権をもつ国民と，合衆国を構成する州という，合衆国のふたつの正統性を守ることができる。そして，地域的な急進派や特定のグループの影響力を排除した形で勝者が誕生するのである。

その結果，3つのおもな目的が達成された。つまり，大統領が国民からの間接的な正統性を獲得するということ，選挙方法に連邦制度の特色が含まれるということ，行政府を支配しようとする急進派の野望をはばむということである。

予備選挙：民主党が率先して導入した制度

大統領選に出馬する条件としては，35歳以上で，「出生による合衆国市民権保持

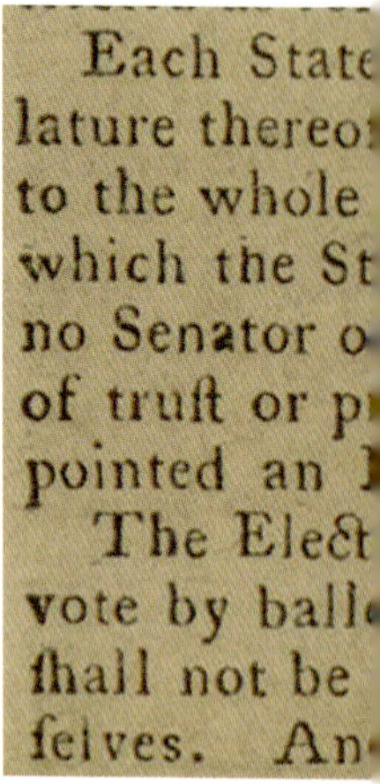
Each State
lature thereo
to the whole
which the St
no Senator o
of truft or p
pointed an
The Elect
vote by ball
fhall not be
felves. An

⇩憲法と選挙法の解釈を題材とした1876年の風刺画。

THE ELECTORAL VOTE.
Now let us look at it from another point of view.

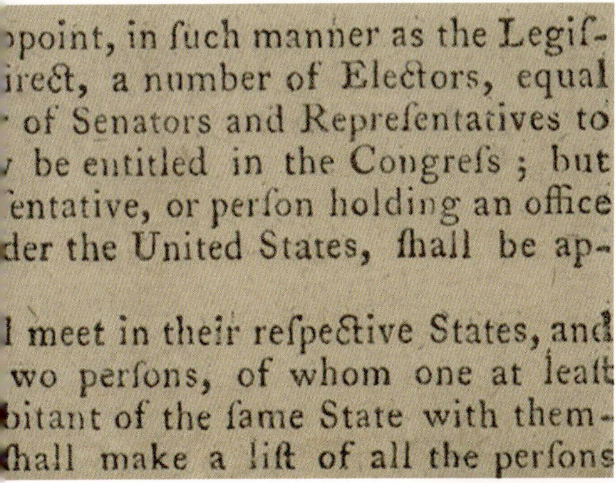
ppoint, in ſuch manner as the Legiſ-
irect, a number of Electors, equal
of Senators and Repreſentatives to
be entitled in the Congreſs ; but
ſentative, or perſon holding an office
der the United States, ſhall be ap-

l meet in their reſpective States, and
wo perſons, of whom one at leaſt
bitant of the ſame State with them-
ſhall make a liſt of all the perſons

⇦アメリカ合衆国憲法の抜粋（第2条）——大統領選挙の投票方法の規定は，複雑で矛盾しており，連邦政府と州政府の責任が錯綜し，理解しにくい部分が多い。

者」でなければならない（副大統領になるための条件も同じ）。初期のころは，各党の大統領候補は，各州の党幹部によって選ばれた代議員によって，党大会で選出されていた。

現在，大統領選挙は11月１日以降の最初の火曜日に行なわれるが，それ以前に，２大政党の候補者を選ぶための予備選挙がそれぞれ行なわれる。この予備選挙は，20世紀はじめに生まれたものである。各党の候補者選びが党幹部に独占されているという批判が起こり，一般有権者を参加させることで選出過程を民主化しようと，このシステムが採用された。しかし，長らく予備選挙を導入する州が少なかったため，大きな影響力をもつまでにはいたらなかった。

だが，1968年に転機が訪れた。この年，民主党はリンドン・ジョンソン政権の副大統領だったヒューバート・ハンフリーを大統領候補として指名した。当時ジョンソン大統領は，拡

⇩カリフォルニア州知事に選出されたアーノルド・シュワルツェネッガー——オーストリア生まれのシュワルツェネッガーや，カナダ生まれのミシガン州知事ジェニファー・グランホルムは，「出生による合衆国市民」ではないため，大統領になる資格はない。2008年の大統領選に出馬したジョン・マケインは，パナマのアメリカ軍基地で生まれたため，被選挙資格があることを証明する必要があった。

大する共産主義との戦いの名のもとで50万人のアメリカ軍兵士をベトナムへ送りこんでいたが，民主党の下部組織はベトナム戦争に反対の立場をとっていた。そのため，1968年8月にシカゴで開かれた民主党大会で，警察とデモ参加者とのあいだに激しい衝突が起きた。女性や若者や少数民族が多い民主党の下部組織と，中央集権的で，ときに人種差別的で，たいていは独裁的な党幹部との溝が，このときはっきり表面化したのである。

結局ハンフリーは共和党候補のニクソンに敗れ，その教訓をもとに，民主党は大統領候補の選出過程を見直すことになった。まず，予備選挙の拡大が行なわれた。1972年には22の州で予備選挙が行なわれるようになり，党大会に出席する代議員の3分の2以上が，予備選挙によって選ばれるようになった。また，少数派の不満を抑え，候補者に正統性があたえられるよう，閉鎖的な選挙になることを防ぐため，できるかぎりの努力がなされた。さらに，予備選挙と並んで行なわれる各州での党員集会による代議員選出方式とはちがって，予備選挙では秘密投票が導入された（党員集会は公開投票で，党幹部の監視を受けるため，党員の投票に影響が出る。現在でも5つの州で，党員集会が開かれている）。

こうして新しくなった予備選挙によって，1972年に民主党は党内でも極端に左派のジョージ・マクガヴァンを大統領候補者として選出した。だがマクガヴァンは，ニクソンに大差で敗れてしまう。1976年にはジミー・カーターが大統領候補者として選ばれて大統領に当選したが，民主党議会との関係が完全に分断されるという事態に見まわれた。

そこで下部組織が左派に傾いていた党全体を，イデオロ

⇧1936年の民主党大会の入場券（候補者はフランクリン・ルーズヴェルト）

⇙1960年の民主党大会でジョン・F・ケネディ候補を支持する人びと——1968年までは，民主党でも共和党でも，予備選挙を経ずに大統領候補者としての公認を得ることができた。それまで10数州でしか実施されていなかった予備選挙は，知名度の低い候補者が，世間に名前を広め，政策への有権者の反応を見る手段にすぎなかった。

ギー的に修正し，候補者の選出過程で党幹部にある程度の決定権をとりもどさせるため，民主党はふたつの補正措置をとることになった。ひとつは1984年に「特別代議員」を設けたことである。これは党幹部，州知事，連邦議会議員などをメンバーとする人びとで，彼らには原則として，予備選や党員集会の結果に縛られず候補者を自由に選ぶ権限があたえられた。そうすることで，経験が豊富で議会との連携もスムーズにいく候補者が選出されると考えられたからである。ふたつめとして，より保守的な南部の複数の州で早い時期に予備選挙を行ない，その結果がほかの州にも影響をおよぼすよう，スケジュールが組みなおされた。

⇩1968年にシカゴで開かれた民主党大会でのデモ参加者と警察官——この党大会がきっかけで，現在の予備選挙制度が誕生した。

CNN
CNN
CNN
CNN

バラク・オバマ：初のアフリカ系大統領の誕生

2008年の民主党予備選挙は，第42代大統領ビル・クリントンの妻であり，白人女性および組合加入の白人労働者から支持を得ていたヒラリー・クリントンと，若い富裕層やマイノリティーから支持を得て初のアフリカ系大統領をめざすバラク・オバマの2人によって戦われた。

有権者の関心はかつてないほど高く，以前は6週間で終わった予備選挙が，6ヵ月間も続くことになった。2人は約5億ドルの資金を集めて使い，3600万人以上の有権者を投票させたが，これはいずれも史上最高の数字である。

一方，共和党ではジョン・マケインが予備選挙で勝利した。しかしその勝因としては，対立候補が弱すぎたことも影響しているとささやかれた。

結局，民主党から指名を受けたバラク・オバマが，2008年11月4日に行なわれた大統領選挙で，共和党候補マケインに対し365人対173人という圧倒的大差で勝利した。そして2009年1月20日，宣誓を行なって正式に第44代アメリカ合衆国大統領に就任し，アメリカ経済の再生という困難な課題に取り組むことになった。

現在の予備選挙

2008年の民主党の予備選挙は，こうした変遷の結果生まれたシステムによって行なわれた。共和党も民主党にならって改革を進めたものの，両党の予備選挙にはひとつだけ大きな違いがある。民主党は，各州で獲得した得票率にもとづいて代議員を大統領候補者に割りふる「比例割当方式」をとっている(代議員を獲得するには,多くの場合,最低15パーセントの得票率が必要である。また，州の党によって選ばれた追加代議員が加わる)。一方，共和党は，大半の州で，もっとも多くの票を得た候補者がすべての代議員を獲得する「勝者独占《ウィナー・テイク・オール》方式」を採用している。この方式のほうが，候補者をすばやく選出することができる。

予備選挙のシステムは完全に無秩序な状態にあるように見えるが，実はその一方で，機能的で弾力性に富んだシステムだともいえる。民主党も共和党も，予備選挙の欠点を定期的に修正している。両党とも，ときに泡沫候補者を選出することもあるが，それは予備選挙のシステムの問題というよりも，候補者全体のレベルが低いことに原因がある。

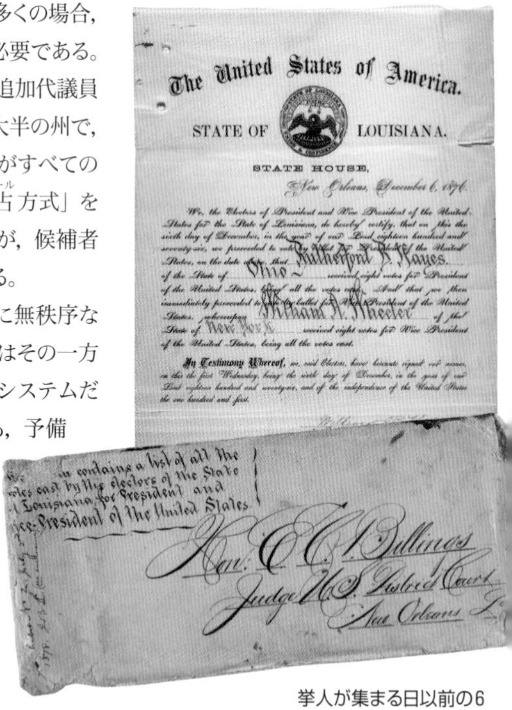

⇩1876年の大統領選挙で送付されたルイジアナ州の選挙人票の証明書——党の独断を避けるため，1887年の選挙人票数法で，各州による表（リスト）の証明や連邦議会による証明書の受領と認証の条件が明確にされた。証明書の日付が，選挙人が集まる日以前の6日以内のものである場合，連邦議会は州で行なわれた投票について，事実上問題があるとはみなさないことになっている。

予備選挙は，候補者，州，党の宣伝手段であると同時に，国民が現在自分たちの直面している大きな問題について学ぶ，学習の場でもある。また，一般投票で勝つ見こみのない候補者を排除し，有権者を大量に動員する点から見ても，予備選挙は十分に機能しているといえるだろう。さらに，予備選挙にはあきらかに，民主党と共和党という2大政党がも

⇧2004年の大統領選挙で投票するコロラド州の選挙人——一般投票の5週間後にあたる2004年12月13日に，デンヴァーの州議事堂でコロラド州の9人の選挙人が，大統領と副大統領候補者としてジョージ・W・ブッシュJr.とディック・チェイニーを投票した表（リスト）に署名している。

だがこうした選挙人投票は，たんなる儀式にすぎない。なぜなら，一部の州で開票結果に問題が生じることもあるが（たとえば2000年のフロリダ州など），普通は一般投票の夜に次期大統領の名前が判明するからである。選挙人は，選挙運動に協力した見返りとして選ばれた，党の活動家や幹部であることが多い。

つ政治組織力のデモンストレーションとしての意味合いも存在する。

選挙から当選まで

一般投票は，11月１日以降の最初の火曜日（11月２日から８日）に行なわれる。そこで州議会によって決められた方法に従い，各州で連邦議会の上院議員と下院議員の総数と同じ数の選挙人が選出されるのである（上院議員の数は，人口に関係なく，どの州も２人。下院議員の数は，各州の人口に比例しており，カリフォルニア州などは50人以上となっている）。

その後，各州で選ばれた選挙人が集まり，選出したい大統領候補者と副大統領候補者の表（リスト）をそれぞれ作成する。表は州の証明を受けたあと，ワシントンの上院議長のもとへ送られる。

上院議長は候補者の得票数を計算し，その数が選挙人の総数の過半数である場合は，その候補者を大統領とする。

どの候補者も過半数の票を得られなかった場合は，下院と上院がそれぞれ大統領と副大統領を選出する。

国家的規模の地方選挙

選挙人を選出する制度は，各州の議会によって定められている。歴史的に見て，各州は早くから普通選挙を採用してきたが，いつでも他の手段を選ぶことができる。たとえば州議会での選挙によって選ぶことも可能で，2000年のフロリダ州では，実際にこの方法がとられそうになった。

また，有権者の登録から開票，結果の認定や異議申し立てにいたるまで，投票実務にまつわるさまざまな事柄を決定するのも州の役割である。投票機の選択や投票時間の設定といったものから，票の分配方式（比例割当方式か勝者独占方式か）の決定まで，すべてが各州に任されている。そのため，アメリカ国民は非常に大きな不統一のもとで，大統

⇩投票の順番を待つ黒人有権者たち（アラバマ州，1966年）――アメリカでは，全国民が同じ身分証明書をもつ義務がない。そのため，投票で提示すべき証明書類について決定する権限は，各州にあたえられている。そうした証明書には，身分証明書，図書館カード，運転免許証，家賃や電気代の支払い証明書などがある。

たとえばインディアナ州では，州政府または連邦政府が交付した写真つきの公的書類の提示が求められる。2008年，連邦最高裁判所は，この法律が合憲であると認めた。しかしこの判決は，民主党の支持者であることが多い貧者，少数民族，高齢者から投票権を奪う危険性をはらんでいた。

領選挙の投票権を行使しているのである。

連邦制度における選挙の複雑さ

連邦の法律により，大統領選挙の投票権は18歳以上にあたえられている。刑事罰を受けた国民から投票権を剥奪するかどうかは各州の判断に任されていて，剥奪する期間も州が独自に決定している。現在，犯罪歴があるという理由で投票権を剥奪されているアメリカ人は，約500万人にのぼる。投票権剥奪の対象となる犯罪の定義は州によって異なるものの，南部ではとくに集団で犯罪を犯した黒人の若者たちに対し，より厳しい措置がとられている。

人権を擁護する多くの市民団体が活動を行なっているが，連邦裁判所は，選挙手続きを国家として統一するという考えも，現在の選挙手続きがアメリカ合衆国憲法によって保障された基本的権利の侵害であるという主張も，認めていない。また，グアム，プエルトリコ，サモア諸島，ヴァージン諸島といった，近年アメリカの領土になった地域に，大統領選挙の投票権があたえられていない（連邦議会議員選挙の投票権もない）という重大な問題も存在する。

アメリカには全国的な有権者名簿が存在せず，投票資格を得るためには，州によって方法が異なる登録手続きを行なわねばならない。登録手続きを単純化・均質化するために，1993年に投票者登録法，通称ドライバー投票者法が可決され，各州によって定められる運転免許証更新時に有権者登録をすることができるようになった。だがそれでも，依然として不正な操作が行なわれる可能性は残されている。

そのほかにも，各州はさまざまな点で違いがある。電子投

⇧18歳の若者に投票権を認める修正第26条に署名するリチャード・ニクソン大統領 ——1828年以降，各州は資産の所有という条件をはずし，すべての白人男性に投票権があたえられるようになった。1870年には，連邦憲法修正第15条により，かつて奴隷だった人びとにも投票権が認められるようになった。1920年には修正第19条により，女性にも投票権があたえられた。1971年には，修正第26条により，有権者の年齢が21歳から18歳に引下げられた。

だが現在でも憲法は，すべてのアメリカ市民に大統領選挙の投票権を保障しているわけではない。実際，いくつもの憲法修正案が出されている。

〔左頁下〕投票権を剥奪された元受刑者が，有権者名簿に自動的に再登録される権利を求めるデモ。

⇧フロリダ州，マイアミの投票所（2004年）——整然と並べられた投票機は，いまでも大統領選挙の現実を明示している。投票方式はばらばらで，投票機の操作は複雑で，投票は平日（火曜日）に行なわれる。しかし投票率が60パーセントに達していることは，アメリカの民主主義の未来に明るい希望をいだかせる。

票，代理人による投票，郵送による投票，期日前投票が可能かどうかは，州によって異なっている。そのため，選挙は複雑そのもので，各州で数千もの票が無効になってしまうこともある。

技術面での不均衡

技術面から見ると，投票には5つの方式がある。ごく一部の過疎化した農村地域では，依然として紙の投票用紙を投票箱に入れる方式が採用されている（1パーセント以下)。15パーセント弱は，レバー式投票機を使っている。これは1890年代から利用されている投票機で，投票した記録が残らないという欠点がある。そのため，投票機が正しく作動するかどうかを確かめることはできても，票の再計算をすることはできない。約13パーセントは，パンチカード式かマークシート式で，機械で読みとって票を記録する方法である。

3分の1強は，フェルトペンや特別な筆記具でマークしたものを光学式スキャナーが読みとる方式を使っている。タッチパネル式投票機やそのほかの形のコンピュータによる電子投票も，3分の1にのぼる。残りは，以上の方式の混合システムを使用している。

2000年の大統領選挙で，票の集計をめぐる重大なトラブ

2000年の選挙では，フロリダ州でのアル・ゴアとジョージ・W・ブッシュ Jr.の票差が500以下だったが，最終的にはブッシュがフロリダ州の選挙人を獲得した。この投票結果は連邦と州での訴訟事件に発展し，3つの郡で票の再計算が行なわれた。

連邦最高裁判所は，票の再計算は合衆国憲法修正第14条にある「法律の平等な保護」条項に違反するとして，計算作業の中止をいいわたした。

ルがあったことから，性能の悪い旧式の投票機を廃止する動きが起こり，その結果，パンチカード式投票機とレバー式投票機の割合は大きく低下した。

一方，電子投票が広がったことによる問題も生じている。多くの場合，電子投票では投票した記録が残らないため，投票機が正しく作動しなかったり，データ処理のプログラムが改ざんされたりした場合，票の再計算を手作業によって行なうことができない。

さらに，新しい投票機を導入するための費用は州と郡が負担しなければならないため，貧しい州や郡は旧式の投票機を使い続けることになり，その結果，高い確率でミスが生じてしまう（ミスの確率は，パンチカード式投票機とレバー式投票機の場合，1000分の1から10分の1と考えられている）。

2002年に投票支援法が可決され，各州の有権者名簿の管理や新型投票機導入時の援助などが，ある程度まで全国的に統一されるようになった。しかし，合衆国憲法修正第14条にある「法律の平等な保護」

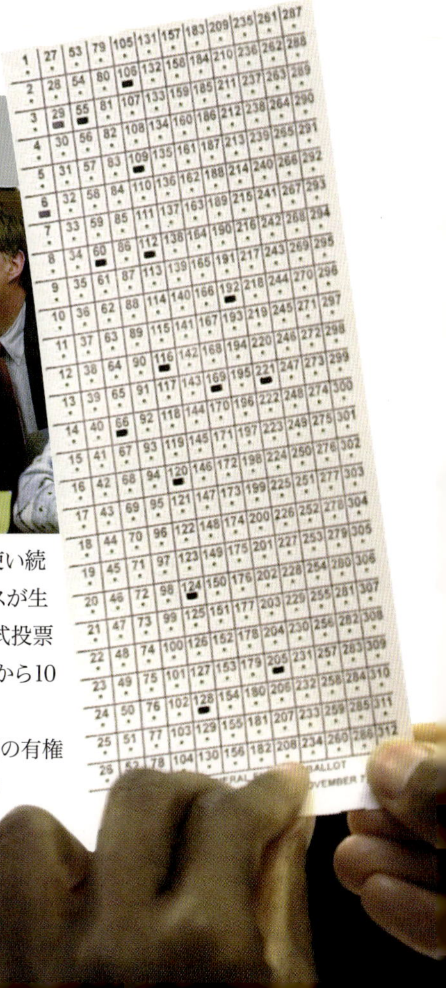

⇩2000年の選挙で使われたフロリダ州のパンチカード式投票用紙——この用紙は，とくに高齢者にとって正確に穴をあけることが難しく，また穴があけられている場所を見極めることも難しい。

条項を，投票権に適用することにまで賛成している連邦最高裁判所の判事は多数派ではないため，有権者はきわめて不平等な状況に置かれている。

そういうわけで，大統領は「すべてのアメリカ人の大統領」であると自称することはできず，1960年代にアール・ウォーレンひきいる最高裁判所が示した「ひとり１票」の原則も，まったくうわべだけのものとなっている。法律の文言は，現実からはるかに後退しているのである。

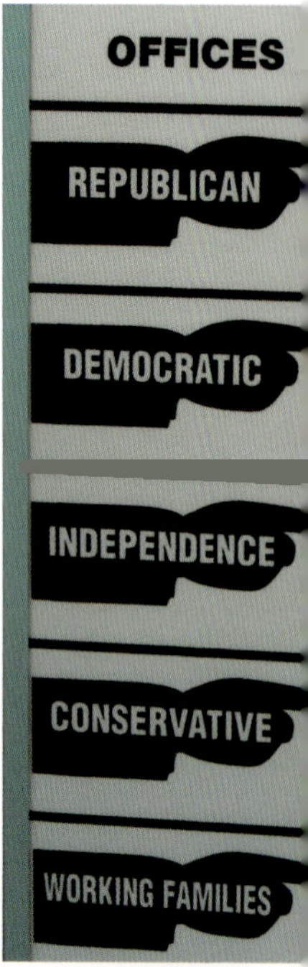

問題の「勝者独占方式《ウィナー・テイク・オール・システム》」

一般投票で大半の州は，次点の候補者とたとえごくわずかな差であっても，もっとも多くの票を得た候補者がすべての選挙人を獲得する「勝者独占方式」をとっている。現在，この一般投票の結果の鍵を握っているのは，かぎられた一部の接戦州（2000年のフロリダ州，2004年のオハイオ州など）だけである。人口の少ない州では勝者独占方式でもそれほど大きな問題は生じないが，カリフォルニア州，テキサス州，ニューヨーク州のように大きな州では，次点の候補者が何百万もの票を獲得してもまったく選挙人を獲得できないのは，理不尽なことのように思われる。

その影響は，よく知られているとおりだ。民主党か共和党のどちらか一方に支持者がはっきりと集まっている州では，少数派の党を支持する有権者たちはほとんど投票に行かない。行っても自分たちの票が無駄になることが，よくわかっているからである。だが大統領選挙の投票日には，大統領選のほかにも，連邦議会の議員，州知事，地方自治体の長や議員など，さまざまな選挙や住民投票も実施されている。その

⇧1996年の共和党大会での同性愛者のデモ——さまざまな団体が選挙を利用して，自分たちの権利を主張している。

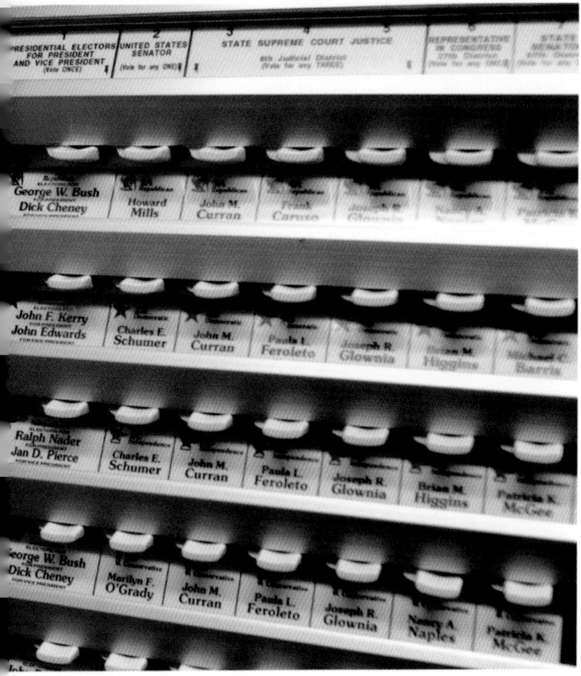

⇦2004年の大統領選挙において，ニューヨーク州で使われた投票機──この投票機を見ると，有権者には共和党か民主党かの二者択一以上の選択があることがわかる。ほとんどすべての州で，昔から非常にさまざまな党が存在する。またミネソタ州やウィスコンシン州のように，20世紀初頭の革新主義運動に端を発する，きわめて組織化された第3党が存在するところもある。地方選挙では，無所属で出馬する候補者は大勢いる。こうした活気あふれる地方選挙と違い，大統領選挙は結果が見えているため，投票への意欲を有権者から奪ってしまうこともある。

ため，それらの選挙の結果には重大な偏りが生じることになる。大統領選挙に無関心な，あるいは最初からあきらめて投票に行かない有権者たちは，必然的に地方選挙からも遠ざけられ，地方政治に関与しなくなっていくからである。

こうした有権者の関心を引くために，同性間の結婚，不法移民の権利，積極的差別是正措置，地方税など，人びとの関心の高い問題について，住民投票を行なう州が増えている。しかし，有権者たちはおおむねいつも同じ行動をくりかえし，結果として特定の政党にいっそう支持が集まることになる。事実，共和党が支配的な州ではより右派の，民主党が支配的な州ではより左派の人物が選出される傾向が強い。

いずれにせよ，このシステムが廃止されることはおそらくないだろう。選挙人の選出方式を決定する権限は各州がもっていることを忘れてはならない。現在，メーン州とネブラス

いつの選挙でも同じ州が決定権を握るとすれば，制度そのものの見直し論議も，高まっていくだろう。だが2008年の選挙戦では，共和党のジョン・マケインが伝統的に民主党を支持している州で，民主党のバラク・オバマがほぼ共和党の独占下にある南部で，それぞれ精力的に活動する姿が見られた。こうした事実からは，選挙における各州の情勢が必ずしも固定していないことがわかる。連邦議会選挙で自分の所属政党を勝たせることのできる候補者なら，その州をうまく支配できるだろう。

カ州の２州だけが，勝者独占方式ではなく，下院選挙区ごとの勝者と州全体での勝者に選挙人を配分する混合方式をとっている。勝者独占方式に対する批判は，たいていは短期的な見方によるもので，歴史的根拠にもとづいていない。実際，40年という長い周期で見れば，いつも同じ州が結果を左右するというわけではなく，非常に人口の多い州がまったく支持政党を変えていないというケースは，ほとんどない。

州ごとの勢力に変動はあっても，２大政党はほぼバランスをとりながら拮抗している。票の分配方式を比例割当にするという提案は時々なされるものの，実現する可能性は低い。こうした提案は，つねに少数党のほうから提出されるからである。たとえば，共和党がカリフォルニア州の55人の選挙人を比例割当にしたいといえば，民主党はそれに対抗してテキサス州の34人の選挙人も比例割当にしたいと主張することになる。

さらに各州は選挙運動中に，住民たちの要求を認めてもらうため，競って候補者をよびよせようとする。しかし，候補者たちの時間（彼らは時差を有効利用するため，たいていは東から西へ移動する）と予算にはかぎりがある。そこで候補者は，当然のこととはいえ，自分が費やした時間と金銭に見あう報酬，つまり対立候補者よりも多くの選挙人を獲得するという成果をつねに得ようとする。

仮に，55人の選挙人が割りふられているカリフォルニア州が比例割当方式を採用したとする。たとえば勝者は30人の選挙人を，次点の候補者は25人の選挙人を獲得すると仮定

〔右頁〕2004年大統領選挙の州別選挙人数と勝利結果――この地図に書かれている数字は，州ごとの選挙人の数である（各州の人口に大きな差があるため，選挙人の数にも大きな差がある）。候補者にとって，どの州で勝つことが最終的な勝利につながるかが，この地図を見れば一目瞭然である。

⇧再選を祝うドワイト・アイゼンハワー大統領（1956年）――1950年代から60年代にかけて，各州の支持政党は定期的に入れかわった（ただし，南部の州は一貫して民主党を支持していた）。つまり，各州の選挙行動に変化が見られないというのは，短い周期での話にすぎない。

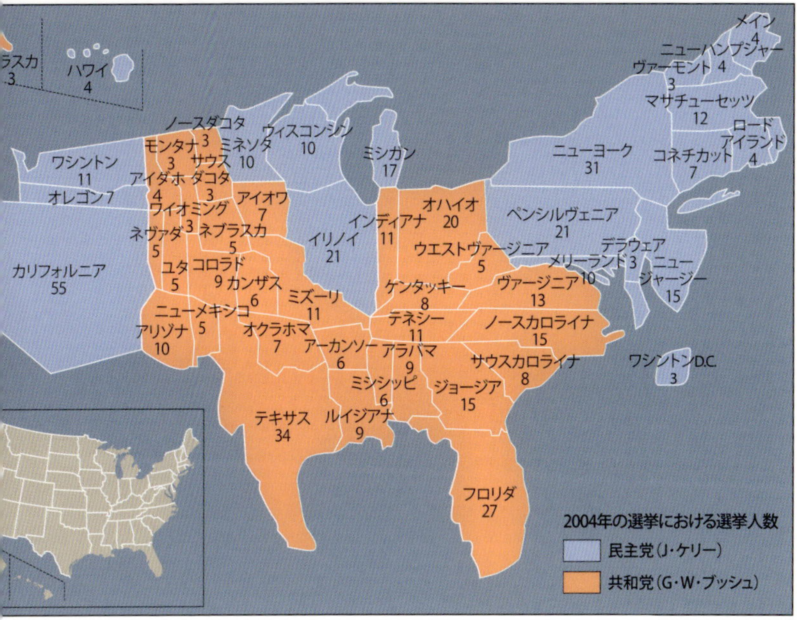

すれば，カリフォルニア州で勝つことよりも，10人の選挙人が割りふられて勝者独占方式をとっている別の州で勝つことに，候補者はより関心を向けるようになりかねない。

そういうわけで，すべての州が同時に比例割当方式へ移行するという決定を一緒に行なうケースだけが，勝者独占方式を廃止するただひとつの方法といえる。しかし現時点では，各州が集まってこのような決定を行なうことのできる場が存在しない。勝者独占方式は小さな州にとって有利なシステムであり，廃止すると大きな州が有利となるため，小さな州がこの方式をやめることはまず考えられない。事実，有権者の意見ははっきりしている。勝者独占方式をとるコロラド州が2004年，比例割当方式に変更するかどうかの住民投票を行なったとき，3分の2近くの有権者が反対を表明している。

2006年の概算人口から，選挙人ひとりあたりの人口を計算すると，多い州としては，カリフォルニア州が66万3000人，ニューヨーク州が62万2000人，テキサス州が69万1000人などがある。逆に少ない州としては，モンタナ州が31万4000人，ノースダコタ州が21万2000人，サウスダコタ州が26万人，ワイオミング州が17万1000人など。テキサス州とワイオミング州ではその格差が4倍にもなる。

⇧ ⬃ 選挙運動中のジョージ・W・ブッシュ Jr.（左）と，ジョン・ケリー（右）――2004年の大統領選挙の費用は，約16億ドルだった。20年ほど前から，ニューヨーク，ロサンゼルス，ボストンは民主党，ダラス，アトランタ，ヒューストンは共和党を支持していた。そのためブッシュもケリーも，多額の費用がかかるこれらの場所では，マスメディアにも広告にも資金を投入しなかった。上の金額でも，かなりの節約に成功した結果だったのである。

支出の悪循環

選挙運動に支出される資金に関しては，その上限が定められている。また，さまざまな改革の試みもなされている。だがそれにもかかわらず，アメリカの選挙運動には依然として，巨額の費用がかかっていることも事実である。その理由は，公的資金による助成があまりないことに加え，マスメディアを利用するために多額の費用がかかるからである。

選挙資金に関する法律は，1970年代初頭から変化してきている。1976年の「バックリー対ヴァレオ事件」の判決であきらかなように，言論の自由を規定している合衆国憲法修正第1条は，公的資金を受けない場合，選挙運動に支出される資金の最高限度額を定めることを禁じている。これは，選挙運動での支出も言論にあたり，その自由を侵害してはならないという判断にもとづいている。

また修正第1条は，外部団体が選挙運動中に行なう支出も保護しており，候補者の運動と直接連動していないかぎり，

その金額を制限することはほとんど不可能になっている。2007年には連邦最高裁判所が,「連邦選挙委員会対ウィスコンシン生存権保護協会事件」の判決で,選挙が近い時期に特定のコマーシャルを流すことを議会が制限するのは,言論の自由を侵害するものであるといいわたしている。

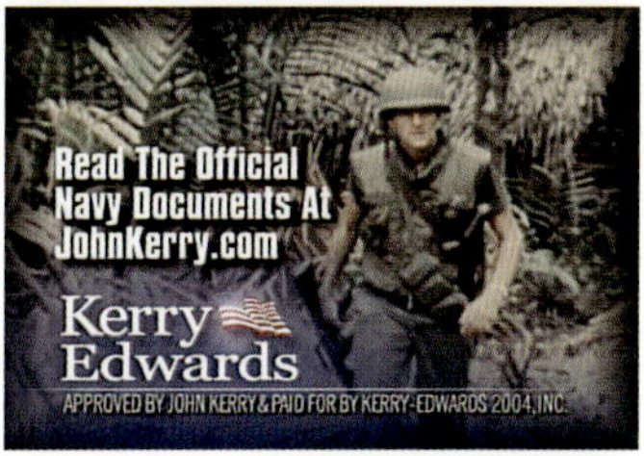

〔左右頁・上中央〕FEC（連邦選挙委員会）の標章——選挙制度の監視役であるこの委員会は,選挙運動における支出の最高限度額を定める法律の網を,なんとかしてくぐろうとする法律家たちの対処に苦労している。

⇧ジョン・ケリーのテレビコマーシャル——ベトナム戦争時の軍功を疑問視されたことに反撃する内容のもの。

仮に選挙人制を廃止して直接選挙に移行するとした場合,候補者たちはすべての大都市でマスメディアを利用しなければならず（現在は2大政党がそれぞれ特定の大都市でキャンペーンをくりひろげている),結果として選挙運動にかかる費用は急増するだろう。1971年の連邦選挙運動法から2002年の超党派選挙改革法にいたるまで,連邦議会によって可決された法律はいずれも,選挙運動に投入される資金を制限することに失敗している。今後も,支出の悪循環を断ちきるためのあらたな方策が打ちだされる可能性は,きわめて低い。

選挙人制：残骸か砦か？

選挙人制は，西ヨーロッパの民主主義国にはそれに類似する制度がない。そして間違いなく，アメリカ大統領の選挙制度において，もっとも疑問視される時代遅れのものだといえる。とくに2000年と2004年の選挙では，この選挙人制のシステムがうまく機能しなかった。

この制度は，小さな州にきわめて有利なものとなっている。どんなに人口が少ない州でも，最低限，2人の上院議員と1人の下院議員に相当する3人の選挙人が選出されるからである。そのため，選挙人ひとりあたりの人口から考えると，各州のバランスはまったくとれていない。

とくに上院での不均衡は非常に大きい。人口の多少にかかわらず，すべての州の上院議員の数は2人と決められている。その点については批判がないわけでもないが，最優先で改革すべきだという声はめったに聞かれない。というのも，上院議員の数が同じであるということは，連邦制度における各州の平等を象徴しているからである。上院議員は，州の主権を守るためのものとして機能している。

それに対して大統領は，自分が仕事をするうえで，州の主権を無視する傾向があるところから，政治学者マリ＝フランス・トワネの言葉を借りれば，「連邦制度の破壊者」とみなされることが多い。アメリカの政治を代表するただひとりの人物である大統領にとって，連邦制度というシステムは，自分の権力を拡大するうえで，あきらかに好ましくないからである。

この問題に関して，合衆国憲法の修正手続き

⇩大統領選挙の制度に関する風刺画——ここで政界の恐竜にたとえられている選挙人制は，それにかわる解決策がなく，アメリカが本質的に連邦制度であるという理由だけで，生きながらえている。

がきわめて困難であることも忘れてはならない。憲法の修正には，連邦議会の両院の３分の２と，すべての州の議会の４分の３の承認が必要だが，そもそも上院議員の大半が大統領の選挙人でもあるため，修正手続きがそう簡単にいかないことはあきらかである。

さらに，大統領選挙は４年ごとに行なわれるが，そのための運動は大統領の任期なかばに実施される議会選挙の翌日からはじまる。そういうわけで，大統領選挙の制度に関する議論ができる可能性があるのは，新しく就任した大統領の任期１年目だけである。ところが，就任後100日間は大統領の力量が試される重要な時期で，大統領はこの期間にいくつかの重要な立法計画を連邦議会で可決させ，自分の能力を広く国民に知らしめなければならない。そのようなときに大統領が，自分になんの利益ももたらさない事柄に貴重なエネルギーと時間を費やすことなど，ありえないのである。

代案となる制度の欠如

選挙人制のシステムを廃止するためには，これにかわる有効で害のない制度が存在しなければならない。ところが，その有力な代替案である直接普通選挙には，３つの大きな問題点が存在する。まず莫大な費用がかかること，そして連邦レベルでの選挙制度が消滅してしまうこと，最後に行政権に対

⇩選挙人制に反対するデモ（2000年）――とくに2000年以降，一般投票の勝者が必ずしも大統領になるわけではないということが，選挙人制のシステムが批判される際の一番の根拠となっている。

事実，アル・ゴアは全国の一般投票で50万票近くの差で最多票を得たにもかかわらず，選挙人票の過半数を獲得できなかったため，敗北を喫した。だが憲法上も政治上も，このときのブッシュの勝利にはなにひとつ問題がない。彼は現行の制度にもとづいて勝利を収めたのであり，すべての候補者がこの制度をもとに戦略を練っていたのだから。

してより大きな正統性をあたえる恐れがあることである。

事実，フランスでは1962年から大統領を直接国民が選ぶことになって以来，政治体制が大統領制化したとされる。しかし現在のアメリカでは，国家の３権のバランスをとるため，すでに強くなりすぎている行政権がさらに拡大することを阻止し，対抗する力を強化する必要性が叫ばれている。

大統領選挙には，２通りの対照的な見方がある。ひとつは，それは建国の祖父たちが望んだ民主主義を直接表現する場という見方であり，もうひとつは，それは訴訟の原因となる複雑で古びた制度という見方である。裁判所が選挙に介入することに反対するデモ（⇧）が行なわれるのは，各州が政党とは無関係のきちんと組織化された中立の立会人制度を確立していないからである（下は，投票所でのボランティアたち）。

そうしたなか，ひとつだけ，よい代替案がある。435の下院選挙区とコロンビア特別区（アメリカ合衆国の首都ワシントンを含む地域）にそれぞれ１人ずつ割りふられた選挙人と，全国での一般投票における勝者が獲得できる102人の選挙人（合計で，現在の選挙人の総数538人になる）に，大統領を選出させるというものである。この方法には，連邦主義と地方の実態を守りつつ（それぞれの選挙区が自分たちの選挙人を選べるため），一般投票で最多票を得た候補者が多くの選挙人を獲得できるという長所がある。

しかし残念なことに，この案にも大きな問題がある。下院選挙区の区割りの権限は州議会にあるため，特定の党に有利になるよう，いくらでも勝手に操作することができるからである。州議会における多数党を保護するため，あるいは前職の有力議員の議席を守るため，州議会はおもに人種をもとにして選挙区を不自然に「断片化」している。このようないいかげんな区割りをもとに，大統領選挙を行なうわけにはいかないという面もある。

このように，アメリカ大統領を選出するシステムは，たしかに硬直化し，不平等の発生源となっている一

方で，それが連邦主義によってうながされた種々雑多な実践の歴史的な積み重ねの結果であり，改革することはほとんど不可能であることも事実である。

現実問題として考えるなら，まずは実際の投票方式を改善することからはじめる必要がある。それは議論の余地なく，なによりも最優先されるべき問題といえるだろう。とくに勝敗を左右する州では，いかなる形であれ，投票の際に差別があってはならず，票の誤差もできるだけ少なくとどめるよう，全力を傾けなければならない。そう努力したうえで，主権をもつ州の連合体であるアメリカ合衆国から，いつの日か強大な権力をもつ連邦政府が姿を消し，州政府が自然に強い力をもつようになることを期待するほうがよいのかもしれない。

⇩デモを行なうNAACP（全米黒人地位向上協会）のメンバー（2000年）——選挙区割りに関する最近の判決において，最高裁判所は，投票権をはっきりと権利の頂点に位置づけてはいない。今後，1960年代初頭にアール・ウォーレンひきいる連邦最高裁判所が示した「ひとり１票」の原則が復活する可能性は，最高裁判所に革新的な判事が任命されるかどうかにかかっている。

❖当然のことながらアメリカの大統領は，自分に対抗する連邦議会や政党，連邦最高裁判所などからの干渉を巧みにかわし，選挙のたびに直接国民からの正統性を獲得して，その権限を拡大しようとする。事実，ホワイトハウスの居住者が変わるたびに，アメリカの大統領制は新しくつくりなおされているともいえるのである。……………………………………………

第4章

大統領制の歴史

〔左頁〕大統領執務室でのフランクリン・ルーズヴェルト（1936年）――フランクリン・ルーズヴェルトは，たしかに傑出した人物だった。だが彼が，1933年から1945年までという非常に長い期間，大統領の座にあったのは，それが大恐慌から第2次世界大戦にいたる異常な時代だったことによる。この時期はアメリカの行政権の絶頂期であり，以後，大統領制は現在の形のものへと移行していくことになる。

⇨アメリカ合衆国大統領の標章。

アメリカの大統領制は，なによりもまず，空白部分の多い合衆国憲法の規定を補う制度でなければならない。たとえば憲法には，大統領が行政権を執行するために必要な「内閣」についての規定がなにもない。国務，軍事，財務などの省を連邦議会に要請してつくり，長官を置いたのは，初代大統領ワシントンである。

⇧「炉辺談話《ファイヤーサイド・チャット》（ろへんだんわ）」を行なうフランクリン・ルーズヴェルト（1936年）——現代の大統領制の歴史は，直接国民と接するための，技術的あるいは制度的に新しい手段の考案と使用の歴史でもある。権力の正統性を国民に問う民主主義を確立するためには，マスメディアとの関係が決定的に重要なものとなる。
「偉大な」大統領たちはすべて，報道の方法ばかりか，ホワイトハウスへのマスメディアの立入りにも新風を吹きこんだ。このことは，行政府のトップが伝統的な仲介者を通さず，国民に直接語りかけることの重要性をあきらかにしている。
　フランクリン・ルーズヴェルトはそのことをよく理解しており，ニューディール政策について世論を味方につけるための有効な手段として，「炉辺談話」として知られるラジオ演説を利用した。

またアメリカの大統領制は，その時々の大統領個人の性格に大きく左右される。あまりにも強大な権力が短期間に集中するため，大統領個人とその職務が一体化してしまうからである。このシステムがうまく機能するかどうかは，大統領が政党と議会の拘束からのがれ，このふたつの大きな対抗勢力と協力しながらも，主導権は自分が握れるよう如才なく立ちまわることができるかどうかにかかっている。

だがその一方で，たとえばリチャード・ニクソンのように，議会に事前の協議や同意を求めないで中立国（カンボジア）に侵攻したり，ジョージ・W・ブッシュ Jr.のように，「戦時大統領」と称して「抑制と均衡《チェック・アンド・バランス》」のシステムを妨害したとき，大統領制は「帝王的大統領制」となる。

これまで大統領制は，連邦政府が戦争や勢力を利用して権限を拡大していくことで，そのシステムが維持されてきた。そうした権力の中央集権化は，大きくわけて４つの時期を境に，段階的に行なわれている。まずジェファーソン大統領の時代，続いて南北戦争期，ニューディール期，最高裁判所が権利章典を各州に適用し，ジョンソン大統領が「偉大な社会」計画を立てた1960年代である。

合衆国憲法の修正手続きは，連邦議会の両院の３分の２とすべての州議会の４分の３の承認が必要とされるため，非常に重大な危機に直面したときにしか行なわれない。そのため，大規模な行政権の拡大は，つねに重大な危機から生みだされてきた。このことは，大統領自身がパワーバランスを崩し，状況を自分の有利になるよう再構成できる力をもっていることも意味している。「大統領が危機を利用しないときは，危機をつくりだしているときである」という政治学者スティーヴン・スコロネクの言葉は，まさしく真実なのである。

ワシントンからジャクソンまで：大統領制の創設

アメリカの大統領制には，依然として初代大統領ジョージ・ワシントン（在任1789～97年）の偉大なる痕跡が残されている。ワシントンは，誕生したばかりの合衆国をフランスとイギリスの争いから守るため，巧みな外交政策を行なう必要があった。彼はフランスとの同盟を破棄し，1793年に中立宣言を行なった。こうした条約を破棄する権限は，行政権の最初の大きな拡大を意味している。またワシントンは1796年の告別演説で，アメリカはヨーロッパの大国と特別な関係をいっさいもつべきではないと主張したが，これは19世紀のあいだずっと，アメリカ外交の基本原則であった。

第3代大統領トーマス・ジェファーソン（在任1801～09年）が，1803年の「マーベリー対マディソン事件」の判決を受け

⇩世界貿易センタービルの残骸の上に立つ，ジョージ・W・ブッシュ Jr.と消防士ボブ・ベックウィズ（2001年9月14日）――2001年9月11日の同時多発テロ事件以後，報道を見事に管理し，この事件をきわめて巧みに利用することで，ブッシュ大統領は行政府のトップとしてのみずからの姿をはっきりと示し，大統領制の新しい段階への一歩を踏みだした。

いれたことで，以後，法律の合憲性を審査するのは最高裁判所の権限となった。また，ジェファーソンは反連邦主義者であり，州政府を犠牲にして連邦権力を強化することには反対の立場をとっていた。当時フランス領だったルイジアナを1803年に購入したことで，この広大な地域を支配するためには，連邦政府の権限を強化することがどうしても必要となったが，彼は連邦議会で反連邦派の党がかかげる大衆的な価値観をよりどころとして，大統領制を民主化している。

第７代大統領アンドリュー・ジャクソン（在任1829～37年）は，それまでの６人とはちがって，初の非エリート階級出身の大統領だった。彼は連邦政府の力が拡大することを望まず，かつて政府が設立した合衆国銀行の特許延長法案が連邦議会を通過した際，州の利益に反するという理由で拒否権を行使した。しかしその一方で，連邦議会によって可決された法律が州の利益に反する場合，その法律を無効にしたり適用を拒んだりする権利が州にはあるという議論が起き，合衆国が分裂の危機に瀕したときには，その運動を失敗に終わらせている。

このように，大統領制は連邦を保護する役割を担っているとはいえ，国民はあくまで憲法の価値観を共有すべきであり，連邦政府に絶大な権力をあたえてはならないという基本的な考え方を，ジャクソンは国民に納得させたのである。

⇧トーマス・ジェファーソン――反連邦派初の大統領となったジェファーソン（第３代：1801-09年）は，政党制の基礎を築いた人物である。だが，現在のアメリカの政党の土台をつくったのは，アンドリュー・ジャクソン（第7代:1829-37年）である。

ジャクソンは党の多様な体制を組織化し，選挙に勝利した政党が，連邦政府，州政府，地方公共団体（市や郡）の公職の任命を意のままに行なえる「猟官制《スポイルズ・システム》」を確立した。

⇦ジャクソン大統領と猟官制を題材とした風刺画。

エイブラハム・リンカーン：連邦の最後の砦としての大統領制

1901年までは，アメリカの大統領制にとって不遇な時期が続いた。ただひとつの例外が，南北戦争が勃発した第16代大統領エイブラハム・リンカーン（在任1861～65年）の時代である。1837年から61年までは，共和党の前身にあたるホイッグ党が徐々に崩壊し，奴隷制度と州の権利を擁護する民主党の再編が進んだ。しかし，奴隷制度と州の権利に関する問題はあまりにも複雑で，うかつに議論を行なうことなど，とてもできない状況だった。

しかも凡庸な大統領が続き，その権限も低下の一途をたどるなか，リンカーンが華々しく登場する。次々とすばらしい政策を打ちだしてくる彼の手腕に，国民も連邦議会の議員もたじろいだ。リンカーンは1863年に奴隷解放宣言を出し，それはのちに，合衆国憲法修正第13条，第14条，および第15条（奴隷制度の廃止，各州における自由の保障，黒人参政権）の制定につながる重要な出来事となった。

奴隷制度を廃止するために，リンカーンは合衆国憲法を根拠とするのではなく，1776年の独立宣言の精神を引きあいに出した。彼によれば，1776年にアメリカ合衆国をつくったのは州である以上に国民であり，1788年に連邦憲法が批准されたとき，権力の委任状に署名したのも国民なのだという。だから独立宣言は憲法の前文にあたり，奴隷制度廃止のための戦いは，独立宣言の大原則に憲法の条文を従わせることになるというのである。

連邦を救うため，リンカーンは自分の

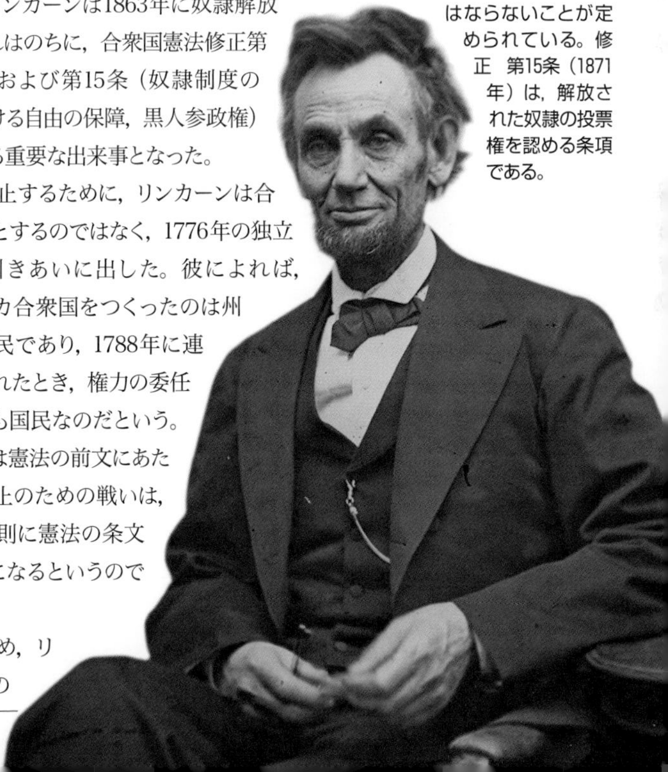

⇩暗殺される少し前のエイブラハム・リンカーン（1865年）──リンカーン（第16代：1861-65年）は，分裂した連邦を南北戦争（1861～65年）後まで存続させ，憲法上の大変革をなしとげた大統領として，不朽の名声を得ている。

連邦憲法修正第13条（1865年）では，奴隷制度の廃止が定められ，修正第14条（1868年）では，アメリカ人が連邦と州の両方の市民であるという原則と，州が合衆国市民から法の平等な保護と正当な法の手続きを奪ってはならないことが定められている。修正第15条（1871年）は，解放された奴隷の投票権を認める条項である。

所属政党である共和党の支持を後ろ盾に，北軍（連邦軍）が南軍と戦いを続けるなか，国民の権利と議会や裁判所の権限を奪った。しかし振り返ってみれば，結果として連邦が救われたのは，州の主権と，連邦を脱退した南部諸州の法律的・行政的・政治的保護を犠牲にしたからだといえる。

ホワイトハウスにおける進歩主義：セオドア・ルーズヴェルトとウッドロウ・ウィルソン

第26代大統領セオドア・ルーズヴェルト（在任1901～09年）と，第28代大統領トーマス・ウッドロウ・ウィルソン（在任1913～21年）は，自分の所属政党と対立し，行政権の拡大の限界にぶつかるという，同様の難問に直面した。ルーズヴェルトは共和党，ウィルソンは民主党だったが，ふたりとも革新主義者だった。彼らは，南北戦争後の産業革命を原因とする変化によってアメリカの社会契約は一変した，という共通の思想をもっていた（産業革命は，国際社会におけるアメリカの地位にも劇的な変化をもたらした）。

ルーズヴェルトとウィルソンは，経済的独占を廃止するため，あるいは国際連盟を設立するため，保守派の抵抗に打ち勝たねばならなかった。彼らは伝統的な対抗勢力を無視し，直接国民のなかにみずからの正統性を求めようとした。彼らの成功は，有権者たちとの関係を確立し，自分の所属政党と最少限の団結を維持しながら，大統領の特別権限を強化することができるかどうかにかかっていた。

セオドア・ルーズヴェルトはトラストの規制という重要な権限を連邦議会から州際通商委員会に

⇩1901年のウィリアム・マッキンレー大統領（左）と，セオドア・ルーズヴェルト副大統領（右）――マッキンレーの暗殺によって大統領に昇格したルーズヴェルトは，急進的保守派，あるいは保守的革新派だった。ウッドロウ・ウィルソンと同じく革新主義者だった彼は，自分の目的を達成するために，連邦政府がもつ力を最大限に利用した。

国民の利益を守ることを重視していた彼は，工業化されたアメリカに衝撃をあたえたストライキが起きたとき，労働者たちを擁護した。

自分の所属政党や連邦議会に対しては攻撃的で，ウィルソンと同じく保守主義を打ち破るためにあらゆる策略を用いたが，それは失敗に終わった。

⇧ヴェルサイユ条約調印時のフランス首相ジョルジュ・クレマンソー（左），ウッドロウ・ウィルソン（中），イギリス首相ロイド・ジョージ（右）――ウィルソンは，アメリカを国際的な表舞台に引っぱりだした大統領である。1917年の第1次世界大戦への参戦と，国際連盟を通じての平和への努力によって，アメリカは不安定ながらも外交面において世界の大国となった。

内政面では，ウィルソンは1919年から20年にかけ，共産党からの大きな恐怖にさらされた最初の大統領で，彼は共産主義運動を規制する法律を制定し，国家の安全と自由のバランスを定義しなおした。

移すことで，行政機関を活性化した。ウッドロウ・ウィルソンは，外交に関して大統領が絶対的な優先権をもっていることを明確にするために，上院と戦った。しかし，彼が第1次世界大戦の講和条約であるヴェルサイユ条約に調印したあと，上院はその批准を拒否したのである。

セオドア・ルーズヴェルトは1期目を終えてすぐの1908年の選挙には出馬せず，1912年に立候補したときは党の公認を得ることができなかった。このように，20世紀初頭には連邦議会における政党の勢力が非常に強く，その後ろ楯がなければ，いくら大統領が国民に直接訴えても，うまくいかなかったのである。

第1次世界大戦後に共和党から出馬したウォレン・ハーディング（第29代），カルヴィン・クーリッジ（第30代），ハーバート・フーヴァー（第31代）の3人の大統領は，「正常な状態への復帰」を行なった。彼らは連邦議会に対抗して行政権を後退させ，最高裁判所には多大な敬意を示し，経済活動に干渉せず，自由放任政策を推進した。

この時期はどのような主義主張も声高に叫ばれることがなく，大統領の権力が，平常時に事態を管理するためのものではなく，むしろ危機のときに事態を解体し，再構築するためのものであることがあきらかになった。つまり，大統領は過去と断絶する形で改革を行ない，連邦議会はその政治的遺産を管理・保護するという役割を分担していたのである。

フランクリン・ルーズヴェルトと現代大統領制の誕生

1933年にフランクリン・ルーズヴェルト（在任1933～45年）が第32代大統領に就任したとき，大統領が強大な権力を手にするあらゆる条件が揃っていた。当時，大恐慌が全国的な広がりを見せており，そうしたなかで，経済を再建し，株価暴落の被害者を救済する制度を確立することができるのは，連邦政府だけだったからである。ルーズヴェルトは就任後すぐ，1933年３月から４月にかけて，さまざまな改革に着手した。これが有名な「就任後の100日間」と呼ばれる，ニューディール政策の第１期である。

連邦議会ではルーズヴェルトの圧倒的な勝利のおかげで，彼の所属政党である民主党が多数党になった。そのため，当然のことながら議会の立法計画は，大統領の立法計画と足並みをそろえることになった。最高裁判所はといえば，政府が積極的な経済政策を行なうことに反対する保守派が過半数をしめていたものの，議会によって可決された法律が違憲でないかぎり，介入することはできなかった。アメリカの経済全体を再編するという壮大な目的があったことも，議会の権限を行政府に移行させるにあたって有利に働いた。その結果，連邦政府の機関が次々と設立され，あいまいな条文を修正して新しい法律がいくつもつくられていった。

ルーズヴェルトは非常に大きな権限を連邦議会から大統領へ移しただけでなく，1935年には労働者の権利を守る全

⇩NRA（全国復興庁）のシンボル
〔右頁中〕NRAのスローガン
〔右頁上〕ノースダコタ州で農夫と会話するフランクリン・ルーズヴェルト――フランクリン・ルーズヴェルトによるニューディール政策は，「アルファベットのスープ」とあだ名された。事実，初期に制定された法律からは，奇妙な略号をもつさまざまな連邦政府機関

がつくられた。なかでも有名なのは，農業に対する連邦政府からの補助金を決定するAAA（農業調整局）や，1933年に制定されたNIRA（全国産業復興法）を施行し，詳細な産業規則を定めるNRA（全国復興庁）である。

連邦議会によって認められた権限を，こうした機関に委任した行為は，その合憲性が争われた。ニューディール政策は，政府を土台からつくりかえることにもなった。

1937年にフランクリン・ルーズヴェルトは，裁判所再編法案を提出した。これは，70歳以上の最高裁判所判事1人につき1人の新しい判事を任命するというもので（当時，該当する判事は6人），新しく制定される法律の合憲性を判断する裁判所の任務を遂行しやすいようにするため，というのが表向きの理由だった。しかし実際には，最高裁判所がニューディール関連法の多くを，立法権限を超えて連邦議会が可決したという理由で無効にしたことに対する報復だった。結局，ルーズヴェルトの計画は実現しなかった（下は，この計画に関する風刺画）。

WE DO OUR PART

国労働関係法および，公的年金制度を中心とする社会保障法のような重要な法律を制定した。

こうした新しい政策を進めるために，ルーズヴェルトはホワイトハウスと連邦政府の機関に多くの専門家をよびよせた。その結果，これらの専門家たちと，彼らを監督する閣僚たちの勢力が増大し，その活動をコントロールするために，大統領は自分のスタッフを充実させなければならなかった。そしてさまざまな妨害のなか，みずからの新たな役割を組み入れた新しい大統領制をつくりあげる必要に迫られていた。

任期2期目に入るとすぐに，ルーズヴェルトは保守的な最高裁判所の改組を企てた。また，1938年の中間選挙のとき，きわめて保守的な議員を民主党から一掃することに力を注いだ。1939年に彼は，行政府改組法を連邦議会で可決させ，「大統領行政府」を創設した。これによって，大統領は

連邦政府の活動と連携させる権限をもつことになり，とくに，「予算局」によって予算案の編成を中央集権化できるようになったことが大きかった。

外交分野では，1936年の「合衆国対カーチス・ライト輸出会社事件」の判決で，大統領には国際関係を処理する「完全な権限」があるという判断が下された。さらに，アメリカを「民主主義の兵器庫」とすべく，連邦議会における孤立主義の動き（議会は1939年に第2次世界大戦への参戦を拒否した）を少しずつ切り崩すことにも成功した。

議会を掌握し，彼自身の憲法解釈を採用させるために，1937年には最高裁判所に判例をくつがえさせ，州を連邦政府の予算の再分配機関とした。こうして民主党を保守主義と対決させながら，ルーズヴェルトは伝統的な対抗勢力の存在を利用して，大統領の権限を強化していったのである。

⇧⇧ハリー・トルーマン
⇧CIAの標章――トルーマンはその任期のほとんどを，国際的な紛争，はじまったばかりの冷戦，共和党とのイデオロギー的な対立などに費やすこととなった。彼の任期中の主な出来事には，ソ連によるベルリン封鎖，マーシャル・プラン（第2次世界大戦後のヨーロッパ復興計画），マッカーシズム（アメリカ国内での反共主義），反体制派を追放するための連邦公務員の忠誠審査令などがあった。

トルーマンからジョンソンまで：安定した大統領の見本

1945年４月にルーズヴェルトが亡くなると，副大統領だったハリー・トルーマン（在任1945～53年）が第33代大統領に昇格した。1947年，トルーマンは国家安全保障法にもとづき，CIA（アメリカ中央情報局）と国家安全保障会議（NSC）を創設し，国防長官の役職もつくっている。その結果，行政府は国務省や上院外交委員会から独立した，外交政策を立案するための手段を手にすることになったのである。

冷戦の勃発により，外交分野における権限はすぐに大統領に集中していった。東西両陣営の対立，マーシャル・プラン（第２次世界大戦後のヨーロッパ復興計画），トルーマン・ドクトリン（共産主義の脅威と戦うことを宣言したもの）といったものがすべて，大統領に対する連邦議会の敬意を強めたのである。ルーズヴェルトとそれに続くトルーマンの時代に，大統領制は社会契約と国家の安全の両方を保証するものとなった。

⇩韓国に駐留するアメリカ軍を訪れた，ドワイト・アイゼンハワー大統領（1952年12月）――アイゼンハワーは，共産主義の影響の阻止をめざしたトルーマンの政策を継続した。彼の任期は冷戦の第2期にあたっており，1953年にはソ連の指導者スターリンが亡くなり，1957年にはソ連の人工衛星スプートニクが史上初の打ち上げに成功し，1960年にはアメリカのスパイ偵察機U-2がソ連上空で撃ち落とされる（パイロットはソ連側に捕まり，アメリカ側のスパイ行為が発覚した）といった出来事があった。

すぐれた軍人だったアイゼンハワーは，1961年1月の告別演説で，「軍産複合体」が国家に影を落とすようになってはならないと警告している（⇨p.113）。

しかし，民主党内の右派はトルーマンの人種差別撤廃政策に反対し，左派は社会政策の不備を批判した。結局，民主党は分裂し，1947年の選挙では共和党が多数党に返り咲くことになった。そして，フーヴァー（第31代）以来の共和党の大統領となったドワイト・アイゼンハワー（第34代：在任1953～61年）は，ルーズヴェルトのように大統領制を政党の道具にすることはなかった。彼は1953年に保健教育福祉省を創設することで，行政権の活動範囲をさらに広げた。教育と福祉は伝統的に州の責任とされていたが，以後は連邦政府の管轄に属することになったのである。

アイゼンハワーはもともと軍人で，第２次世界大戦時にはヨーロッパ連合国軍の最高司令官だったことから，議会にとって彼は，軍事の分野ですぐれた能力をもつ人物というイメージがあった。しかし議員たちは，国家の安全のためにつくられた新しい情報機関CIAを大統領がどのように運用するかについて，厳しく監視する必要性を感じていなかった。そうしたなか，CIAは1954年，グアテマラのクーデタを成功させたのである。

第35代大統領ジョン・F・ケネディ（在任1961～63年）は，マサチューセッツ州選出の上院議員であり，接戦を制してアメリカ大統領選挙史上，最年少の43歳で当選した。彼は所属政党である民主党と議会との関係が悪かったため，直接国民に訴えかける手法をとった。ケネディはテレビを効果的に使った最初の大統領であり，このときから大統領と国民をつなぐコミュニケーションに新しい時代がもたらされた（⇨p.114）。

民主党の保守派にはばまれて，ケネディは国内での改革を行なうことはできなかった。しかし2年半という短い期間のあいだに，外交面では大きな足跡を残している。とくに，ソ連がキューバに攻撃用のミサイルを設置したことでアメリカとの深刻な対立が生じ，核戦争の危機を招いたキューバ危機を解決したことは，彼の最大の業績といってよいだろう，

1963年11月にケネディが暗殺されると，副大統領だったリンドン・ジョンソン（在任1963～69年）が第36代大統領に昇格した。その後ジョンソンは，ベトナム戦争の泥沼化の責任を一身に受けることになる。このことは，戦争という分野では大統領だけが憲法上の支配者（＝責任者）であることを示している。またベトナム戦争は，大統領には外交と軍事に関する完全な権限があるが，もし政策が失敗に終われば，行政権全体がもろく不安定になることもあきらかにした。

⇩キューバ危機におけるジョン・F・ケネディのテレビ演説（1962年10月）――就任後すぐに，ケネディは亡命キューバ人部隊をキューバに侵攻させる計画を実行に移したが，完全な失敗に終わった。

しかし，彼はこの失敗の責任から逃げず，1962年10月のキューバ危機を見事に処理した結果，行政府のトップとしての信頼性を獲得する。ケネディは，有権者と直接的な関係を結び，連邦議会からは孤立する，大統領の「個性化」の時代を切りひらいた。

〔右頁上〕ジョン・F・ケネディが暗殺された夜に，大統領専用機のなかで宣誓するリンドン・ジョンソン――ジョンソンはケネディが始めたばかりのベトナム戦争と，人種差別撤廃に関する南部諸州の不穏な情勢，公民権運動の高まりといった状況を受けついだ。

⇩ベトナムでのジョンソン大統領（左）と，ウェストモーランド将軍――ジョンソンが大統領を務めた5年半は，ベトナム戦争が泥沼化した時代だった。まず軍事顧問団が派遣され，1964年にトンキン湾事件が起きると，ジョンソンは武力行使を許可した。1968年1月に南ベトナム解放民族戦線（ベトコン）が大規模な反撃を開始したとき，撤退と戦線拡大のくりかえしで出口の見えない戦争が続くベトナムには，50万人の米軍兵士が送りこまれていた。

〔次頁〕大統領執務室でのジョンソン大統領と側近たち。

ベトナム戦争に関する公式発表と現実とのずれがしだいに大きくなるにつれ，ジョンソンは自分と国民のあいだに「信頼の裂け目」を広げていった。

しかしジョンソンは，連邦政府の3権がイデオロギー的に同調した時期に権力の座にあった，めずらしい大統領でもある。それは彼の提唱した「偉大な社会」計画によって，数々の大きな変革が行なわれたことからもあきらかである。高齢者のための医療扶助であるメディケア制度や，低所得者のための医療扶助であるメディケイド制度がつくられたのも，文化的に恵まれない就学前の子どもたちに教育サービスを提供するヘッドスタート計画がはじまったのも，都市の中心部の改修工事が進められたのも，この時期であり，それは議会と大統領と最高裁判所が共に，連邦政府の庇護のもとで国民の権利の拡大を図るべきだという思想を共有していたからに他ならない。

ルーズヴェ

大統領と側近たち

大統領制は，奇妙な制度である。それは大統領の座についた一個人のなかに完全に固定化される制度であり，彼は憲法上の支配者としての権限を行使するため，常に孤独でいることを余儀なくされる（第2次世界大戦以降はそうした傾向がよりいっそう強い）。

しかし大統領制は，行政府のトップが自分の側近として，有能で忠実な人物を置くことのできる制度としても知られる。たとえばジョン・F・ケネディは弟のロバート・ケネディを司法長官に（左頁はケネディと弟のロバート），リンドン・ジョンソンはエイブ・フォータスを連邦最高裁判所判事に，リチャード・ニクソンはヘンリー・キッシンジャーを国家安全保障担当補佐官にした（右頁はニクソンとキッシンジャー）。

こうした「大統領の部下」たちのきずなの強さや助言の質は，キューバ危機や人種差別撤廃をめぐる暴動，中国の承認，カンボジアとラオスの爆撃など，行政府の機能が最終的に試される危機のときに評価された。

多くの写真家が，大統領の決断の場である大統領執務室や緊急指令室での印象的な写真を残している。

ルトと同じくジョンソンも，対抗勢力の存在を利用して大統領の権限を強化した。しかし，その内容はまったく異なっている。ジョンソンは，自分の所属政党である民主党が圧倒的に支配的な連邦議会を頼りに，改革を行なうことができた。彼は以前上院議員だったとき，民主党の院内総務としてすぐれた手腕を発揮していたため，議会の運営には精通していたのである。また最高裁判所とは争う必要がなく，逆に最高裁判所のやり方を奨励していた。

リチャード・ニクソン：やはり，王様は裸だ……

アメリカの歴史家アーサー・シュレジンガーは，第37代大統領リチャード・ニクソン（在任1969～74年）による統治を「帝王的大統領制」とよんでいる。それは，アメリカの行政府が大統領ただひとりによって構成されており，ただひと

リチャード・ニクソンの「帝王的大統領制」は，連邦議会の奮起をうながす結果となった。とくに戦争権限に関して議会は立ちあがり，1970年代には「立法府の優位」が語られるほどだった。ニクソンは『回顧録』（1978年）のなかで，みずからが行使した権力についてこう主張している。「強い大統領の統治にかわるものは，議会による統治だ。それはつまり，まったく統治されないということである」

りで行政権を守る大統領に必ず生じる孤立の究極の姿が，ニクソンの例にあらわれているからだという。

ニクソンは，連邦議会の多数党から選出されていない，20世紀初の共和党の大統領である。また，まれに見る接戦の末に選ばれた大統領でもあり，国民の圧倒的な支持をバックにしていたわけでもなかった（彼は任期中に，民主党政権が始めたベトナム戦争を終結させるという功績を残すが，国民の人気をとりもどすことはできなかった）。

〔左頁下〕1974年8月8日，テレビで辞任を告げるニクソン大統領
⇧クモの巣に捕らえられたニクソン（ウォーターゲート事件に関する風刺画）――ウォーターゲート事件の裁判で，大統領執務室で録音されたテープを証拠として提出するよう連邦最高裁判所から命令が出されると，ニクソンは窮地に陥った。彼には，このテープを提出することで，自分が不利な立場に置かれることがわかっていた。残された道は，辞職だけだった。
　実際，最高裁判所は「行政特権」（つまり権力分立の名のもとで，大統領が自分の身を守るため，情報を立法権あるいは司法権に引き渡すことを拒む特権のこと）とよばれているものを，違法行為とみなされる範囲にまで適用することを拒否した。

また，多くの場合ニクソンに反感をもっていたジャーナリズムや，彼が擁護していた保守的な教えに対立する最高裁判所（進歩主義的な思想をもつ判事が過半数をしめていた）とも，対決しなければならなかった。連邦議会に対しては，予算を執行しない予算留保権限という強力な武器に頼ったり，外国との関係では，条約ではなく上院の承認を必要としない行政協定を結ぶことで対処するようになった。

このように大統領制が孤立化した結果，大統領行政府のスタッフの増加と，ホワイトハウス・コミュニケーション室による情報伝達の合理化が進められた。これは，行政府の管理能力を強化することで議会との力関係を逆転させ，みずからに反感をもつマスメディアを通さず，国民と直接交流するための改革である。しかし，ニクソンのウォーターゲート事件というスキャンダル（⇨p.118）は，ジョンソンによるベトナム戦争の泥沼化と同様に，大統領が保持しているように見えるほとんど絶対的な権限が，幻想にすぎないことをあきらかにした。

1973年，大統領の戦争権限に制約を加える戦争権限法が制定されたものの，ニクソンは依然として外交と軍事の分野における支配者であった。しかし内政では，連邦議会が行政権の制限を引きあいに出して，ニクソンの政策を妨害した。

フォードとカーター：過渡期の大統領

第38代大統領ジェラルド・フォード（在任1974～77年）は，スピロ・アグニューが副大統領を辞任したあと，指名によって副大統領に就任し，その後，リチャード・ニクソン大統領の辞任によって大統領に昇格した。そのため彼は，大統領選挙をまったく経験せずに大統領になった，アメリカの歴史上ただひとりの人物である。フォードはニクソンに恩赦をあたえることで，ウォーターゲート事件の裁判を長引かせず，この事件によって失墜した大統領職の権威を回復することに成功した。

またフォードは，民主党が圧倒的過半数で支配する連邦議会に対し，拒否権を行使することで抵抗した。さらに共和党の統一作業にも着手したが，その成果は1980年以降にあらわれることになる。

⇩1974年9月8日に，リチャード・ニクソンに大統領恩赦をあたえるフォード大統領——大統領に昇格してすぐにジェラルド・フォードが行なったこの行動を，多くの歴史家が過小評価している。

⇧キャンプ・デーヴィッド合意における，カーター大統領（中央），エジプト大統領アンワル・エル・サダト（左），イスラエル首相メナヘム・ベギン（右）——ジミー・カーターは，石油危機，インフレ，重工業における雇用危機などに対処しなければならなかった。

ジョージア州知事から第39代大統領となったジミー・カーター（在任1977～81年）は，1978年，長年対立していたエジプトとイスラエルのあいだで「キャンプ・デーヴィッド合意」を締結させることに成功した。しかし，ソ連によるアフガニスタン侵攻を許し，イランのアメリカ大使館人質事件を解決できなかったことが，外交面での大きな痛手となった。内政では，所属政党である民主党と議会との関係を悪化させた。一方，彼は大統領から権威をすてさり，国民に開かれた政治を行なおうとした大統領であった。

⇧ジュネーヴではじめて会談したソ連の指導者ミハイル・ゴルバチョフと，ロナルド・レーガン（1985年11月）――多くのアメリカ人にとって，レーガンは「冷戦に勝利した」大統領として，またベトナム戦争での敗北，ウォーターゲート事件，エネルギー危機，ニューディールや「偉大な社会」計画などの政策の崩壊によって傷ついた国に誇りをとりもどした大統領として，記憶され続けるだろう。レーガンが大統領に選ばれた1980年の選挙は，新保守主義を基礎として再建された共和党の勝利を意味している。しかし同時にレーガンの時代には，社会の不平等と財政赤字が急増した。

レーガンによる再建

カリフォルニア州知事から第40代大統領となったロナルド・レーガン（在任1981～89年）の時代は，マイナス面も含めてあらゆる面で，大統領制が再建された時期だった。彼はまず，得意の演説というコミュニケーション手段により，国民を守る力強い大統領のイメージをとりもどした。

レーガンは就任後すぐに，航空管制官組合のストライキを止めさせ，行政権のトップとしての権力を完全に手中に収めた。彼はアイゼンハワー以来はじめて，自分の所属政党を上院での勝利に導いた共和党の大統領である。レーガンはもともとニューディール政策に賛同するリベラル派だったが，のちに保守派に転向した政治家である。そのため彼は，民主党の支持勢力である労働者階級に対し，小さな政府の実現によって彼らの権利を拡大することを約束し，労働者たちを味方につけることに成功した。また,軍事費を増大させる一方で,大幅減税も行なっている。

⇧湾岸戦争時にサウジアラビアのアメリカ軍部隊を訪れたジョージ・H・W・ブッシュ・シニア（1990年）――ジョージ・H・W・ブッシュはレーガン大統領の副大統領を2期務めたあと，1989年に大統領となった。1945年以降，2期目の副大統領から大統領となった人物は，彼だけである。そのことは，レーガン人気の高さを示している。

ブッシュ・シニア大統領は，冷戦後の国際情勢への対処にはすぐれた手腕を見せたが，国内問題ではすぐに困難な状況に陥った。増税しないという公約を破り，大統領としての「ビジョン」もなかったことが原因で，彼は1992年の選挙で敗北した。

しかし，彼には大きな失敗と重大な危機もあった。連邦議会選挙での勝利を見すえて共和党の体制強化を十分に行なわなかったため，内政におけるかけひきの選択の幅が狭まると同時に，一部の右寄りの保守派を失望させることになった。また，ホワイトハウス内の管理システムも不十分だったため，2期目の任期後半は，精彩を欠くものとなった。

この時期最大のスキャンダルは，イラン・コントラ事件（⇨p.116）である。この事件は，国家安全保障会議のスタッフがイランへ武器を売却してその代金をニカラグアの反政府組織に流すという行為に荷担していたもので，この行為は連邦議会によって可決されたふたつの法律（イランへの武器販売を禁じた法律と，中南米の反政府組織へ資金を提供することを禁じた法律）に違反していた。1987年に開かれた両院合同調査委員会の公聴会では，大統領制が議会に隠れて秘密裏に機能していることが，激しい非難の対象となった。

あらたな過渡期：冷戦後の大統領制

第41代大統領ジョージ・H・W・ブッシュ・シニア（在任1989〜93年）と第42代大統領ビル・クリントン（在任1993〜2001年）は，冷戦後の大統領として国内問題に立ちもどり，その結果，大統領の権限が弱体化した。ブッシュは共和党，クリントンは民主党の大統領だが，彼らは共に自分の所属政党を頼りにすることができなかった。共和党も民主党も急激な変化の真っただ中にあったからである。また，ブッシュは任期中を通じて，クリントンは任期最後の半年間，対立する政党が支配する議会に直面しなければならなかった。

外交官やCIA長官を経て大統領となったジョージ・H・W・ブッシュは，就任直後から，レーガンが着手した保守的な改革をさらに推進すること以外の野心をもっていなかった。しかし議会を支配していたのは民主党だったため，彼の希望はかなわなかった。彼はいわばミスキャストの大統領だったが，湾岸戦争における現実的で慎重な態度だけは高く評価できる。

⇩メディケア改革案を擁護するビル・クリントン——クリントン大統領の総合評価は，対照的かつ逆説的といえる。彼は福祉国家アメリカを新しい経済状況に適合させ，1996年には社会福祉制度を改革した。収支のバランスを回復し，巨額の財政赤字も削減した。しかしその一方で，共和党の価値観（道徳，家族，宗教，均衡予算，秩序）をとりいれた彼の「三角型戦略」は，事態を混乱させ，民主党の弱体化につながった。

彼は国民の利益の偉大なる擁護者だったものの，その一方，弾劾裁判にかけられたことで，女性や少数民族の関心をよびおこした改革に対する希望は断たれた。

一方，ビル・クリントンは，大統領の権限を使って民主党を再編することに成功したものの，1992年に当選したときも，1996年に再選されたときも，政党とは距離を置き，民主党に利点をもたらすことはなかった。

1998年に発覚した不倫スキャンダル（モニカ・ルインスキー事件：⇨p.118）によってクリントンが弾劾裁判にかけられたことは，アメリカの政治に大きな汚点を残すこととなった。この出来事は，大統領個人が辱めを受けたことで大統領制を弱体化させたばかりか，一連の捜査を受けなければならなかったことで行政権の特権が広く傷つけられる結果をもたら

ホワイトハウスで記者会見を行なうクリントン大統領

『ワシントン・ポスト』紙の記者によって暴露されたウォーターゲート事件は，対抗勢力としてのジャーナリズムの役割をかえって阻害する結果となった。「巨人ハンター」と化したジャーナリストたちは，連邦議会や裁判所の複雑な手続きによる批判的な分析に損害をあたえることも気にせず，一般には大統領の取材を特別扱いしてきた。

1980年代以降，大手マスメディアで予算が削減されたことで，大統領に依存するジャーナリズムの姿が急速に見られるようになった。ロナルド・レーガン，ビル・クリントン，ジョージ・W・ブッシュ Jr.はすぐれたプレゼンターであり，こうした弱点をもつジャーナリズムを，自分の有利になるよう操ることができた。たとえば『ニューヨーク・タイムズ』紙は，2003年のイラク戦争開戦を取材するため，ブッシュ大統領に謝罪しなければならなかった。

マスメディアと大統領の関係は，ホワイトハウスがジャーナリズムに依存していると同時に，ジャーナリズムに情報をあたえるかどうかの決定権を完全に握っているため，非常にあいまいである。

した。連邦議会と政党は損害を受けなかったものの，策謀的なスキャンダルに巻きこまれたことで，政治全体が危機的状況になった。

そうしたなか，20世紀末の大統領制は，外交分野にまで勢力を伸ばすことができなかった。だが，あとから思えばアメリカはこの時期に，冷戦後，かつての東西両陣営の境界で頻発しはじめた小規模な危機に対処する方法を，もっと学んでおく必要があったと思われる。

⇧イラク戦争に関し演説するジョージ・W・ブッシュ Jr.（2003年）――このとき彼は「任務完了」と勝利宣言を行なったが，もちろんそれは時期尚早だった。

ジョージ・W・ブッシュ Jr.――9・11と行政権の再建

第43代大統領ジョージ・W・ブッシュ Jr.（在任2001～09年）は，20世紀でもっとも疑惑に満ちた選挙で選ばれた大統領である。彼は福祉政策にも関心を向ける「思いやりの保守主義」というスローガンをかかげて当選したが，実際には，彼が所属する共和党が多数党である議会の強硬な姿勢に助けられ，保守派に追従した政策を推し進めた。

就任後3ヵ月は，減税をのぞいて大きな改革はひとつも着手されなかった。つまり，のちに行なわれた行政権の再建は，副大統領のディック・チェイニーや国防長官のドナルド・ラムズフェルドといった大統領行政府のメンバーが，2001年9月11日の同時多発テロ事件を巧みに利用した結果であると考えられる。

この同時多発テロ事件は，行政権を再建するためのふたつの基本路線をもたらした。この出来事によって，ジョージ・W・ブッシュは国家の安全の名のもとで共和党を団結させ，対抗勢力の動きを止める状況をつくりだした。そして，この有利な状況をもとに，2002年の中間選挙で共和党を勝利させたのである。

さらに彼は，おもに3つの手段を用いて，連邦議会と最高裁判所の機先を制した。まず，特定の法律の適用を妨げるため，署名声明を使って意思を表明すること。次に，大統領が握っている情報に議会と最高裁判所はアクセスできない「行政特権」を行使すること。そして最後に，行政府直属の連邦政府機関と連邦裁判所のメンバーを任命することである。しかし，長引くイラク戦争によって任期の終わりには記録的な支持率の低下に見舞われ，ただひとつの大きな改革案だった年金民営化も失敗に終わった。

同時多発テロ事件以降の情勢から見ると，アメリカ大統領のもつ行政権は，危機を利用して勢力を拡大することができ，外交と軍事の分野では連邦議会よりもはるかに大きな権限をもっていたことがわかる。一方，内政の分野では，自分の所属政党と良好な関係を保ち，議会と協力しあうことではじめて，成果をあげることができた。つまり現在のところ，アメリカの大統領制は，ときに帝王的になることもあったとはいえ，全体として見れば国民とその代表者による監視のもとで，十分に機能する制度であり続けているといえるだろう。

⇩グアンタナモ海軍基地――これはアメリカ領ではなくキューバにあるアメリカ軍の基地で，テロ容疑者の収容所として使われている。テロ行為を防止するために連邦政府が必要な手段を行使することを認める愛国者法

(2001年) から，特別軍事法廷を設置する軍事委員会法 (2006年) まで，テロ対策のために制定された法律はすべて，司法による行政権の監視を制限するためのものである。

2006年まで国防長官を務めたドナルド・ラムズフェルド（左下の写真の左）と副大統領のディック・チェイニー（同右）の策略によって，ジョージ・W・ブッシュ Jr.は前代未聞の範囲まで行政権を拡大することに成功した。

〔次頁〕ホワイトハウス

資料篇

世界一強大な権力

⇧ホワイトハウスの前に置かれた
大統領の会見台

1 バラク・フセイン・オバマ
（第44代アメリカ大統領）

藤本一美

初の黒人大統領の誕生

2008年の米国大統領選挙を制したのは，民主党候補で「黒人」のバラク・フセイン・オバマである。オバマは共和党で白人候補のジョン・マケインを大差で下して第44代のアメリカ大統領に当選した。大統領選挙で勝利したオバマは，米国の歴史を塗りかえたといってよい。これまで米国政治の主流は,建国時代から「WASP（ホワイト・アングロサクソン・プロテスタント）」であった。しかし，1960年の大統領選挙ではアイルランド系の移民でカトリック教を信仰するJ・F・ケネディが勝利し，いわゆる傍流の「新移民」が大統領の座に就いた。それから約50年経過，今回の大統領選挙では，米国で長い間抑圧的状況に置かれ,差別されてきた少数派の「黒人」出身のオバマが大統領の座を手にしたのである。

本文にもある通り（⇨p.54），民主党の予備選挙の段階では，オバマとヒラリーは大接戦を演じた。オバマが最終的に勝利した要因として，次の点が指摘できる。ヒラリーは早くから民主党主流派の支持を取りつけて，労働組合を味方につけるなど，白人や中高年層の女性を中心に優位な戦いを進めてきた。一方，オバマは，党非主流派の低階層および黒人や若者を中心に支持を固め，その過程でしだいにヒラリーを圧倒した。オバマはインターネットを駆使して小額の献金を集め，これを支持基盤の拡大手段として利用した。これに対してヒラリーは，既成組織を中軸に，企業や労組などの団体献金を重視するなど，従来型の選挙運動に頼った。ヒラリーは有権者から名の知られた「有名人」であり多少飽きられていた面があった。他方，オバマは若者の代表として「変革（チェンジ)」を訴え，有権者から新鮮でカリスマ性に富んだ魅力ある候補者とみられ，そうした点が有利に作用した。

大統領選挙戦で勝利したオバマは，勝利宣言で次のように述べた。「アメリカでは，あらゆることが可能な国だ。それを未だに疑う人がいるなら,今夜がその答えだ。今度の選挙は違うと信じて，投票場に並んだ人々の列が答えだ。老いも若きも，共和党支持者も民主党支持者も，黒人も白人も，同性愛者もそうでない人も，健常者も障害者も，すべてが出した答えだ。われわれはアメリカ合衆国の一員なのだ。長い道のりだった。だが今夜，今日の決戦を経てアメリカに変革が訪れた。・・・今がその使命に答える機会だ。今がわれわれの時代だ」。

オバマ勝利の要因

それでは，オバマ勝利の要因は何か。それは一言でいえば，ブッシュ Jr. 前大統領が始めたイラク戦争と景気後退である。これがオバマにとって追い風となったことは明らかである。ブッシュ政権は「9・11同時多発テロ」が勃発した後，テロとの戦いを背景に，単独的行動主義と国際協調主義，また対立と対話の両極で揺れ動いた。そして，イラク戦争で傷いた米国の威信を回復できないままに，国際秩序を維持する力のないことを世界中に示した。一方，サブプライムローン問題を契機とする金融危機は，米国を支えた市場・経済活動への政府不介入と経済のグローバル化という価値観を大きく揺るがした。

選挙戦の流れは，投資銀行のリーマン・ブラザーズが経営破綻した9月15日を境に大きく変わった。共和党のマケインは「米国経済の基盤は強固だ」と演説して国民の不興を買った。それに対して，オバマは金融危機の収束に全力を挙げる考えを表明し，ガソリン高騰に合わせる形で中低所得層に焦点を絞った政策を打ち出した。これでオバマの支持率は急上昇し，マケインを逆転して大きく引き離した。実際，大統領選挙が行われた11月4日の出口調査でも，投票に際して最も重視した争点を「経済政策」だと答えた人は一位が63％で，このうち54％がオバマに投票した。金融危機を引き金に雇用など生活基盤への不安がオバマ勝利のカギとなった。

オバマの人物像

晴れて大統領に当選したオバマは，1961年8月4日，ハワイ州のホノルル生まれの47歳。ケニアからの留学生だった父親で黒人のバラク・フセイン・オバマとカンザス州出身で白人の母親スタンリー・アン・ダンハムがハワイ大学で出会い結婚，オバマが生まれた。そして，母親の離婚・再婚に伴い一時インドネシアのジャカルタで過ごしたものの，その後ハワイに戻り，彼は母方の祖父母の「白人家庭」で育てられた。

オバマは高校時代に，その出自と家庭環境に悩み，マリファナなどに手をだし荒れていたこともあった。しかし，その後オキシデンタル・カレッジを経てコロンビア大学を卒業し，シカゴの黒人貧民街で3年間，地域社会の「活動家」として住民の生活改善や失業対策に取り組んだ。さらに，ハーバード大学のロースクールを修了して弁護士として活躍，その後1977年，イリノイ州の上院議員に当選し，民主党と共和党の「調整役」として頭角を現した。2004年の民主党大会の基調演説では，いまや有名となった「リベラルもコンサバティブもない，黒人も，白人も，中南米もない。

われわれは一つのアメリカ国民だ」と米国社会の統合を訴えて，多くの国民の注目を浴び，その4ヵ月後に，イリノイ州選出の連邦上院議員に当選したのである。

確かに，オバマは米国の基準でいえば黒人である。ただ，彼は低所得者層，南部出身および奴隷の子孫でもなく，白人家庭で育てられたこともあって，その"黒人度"は薄い。また公民権運動に取り組んだ伝統的な黒人指導者でもなく，その複雑な出自は大統領選挙戦では，米国が掲げる「多文化主義」を体言する上でむしろ強みとなった。

大統領選挙戦ではオバマは，連邦上院議員1期目にすぎない経験不足を逆手にとって斬新さを売り込んだ。共和党のブッシュ Jr. 政権の7年あまり，イラク戦争と金融危機に伴う閉塞感が漂うなかで，オバマは国民に「変革と希望」を与え，雄弁で大衆をかりたてるカリスマ性を備えていることから，故ケネディ大統領の再来という声も上がった。

オバマが政治家として成功をおさめたのは，次のような能力を身につけていたからである。第一は巧みに表現する才能，つまり多様な言葉を自在にあやつる能力である。第二は，人々を一定の目的に向けて組織していく能力である。そして第三の能力は，反目する両者——個人から政党組織に至るまで——の橋渡しをする組織人として，相互の利害を調整して妥協させる優れた感覚である。これらの能力はいずれも，シカゴで地域社会の組織者として働き，さらにハーバード大学ロースクールで学び，再びシカゴに戻ったあと，政治家として活動する中で培われていったものである。

オバマ政権の船出

オバマ政権は2009年1月20日に正式に発足した。発足時の支持率は68%と高く，米国は新しい指導者を迎えて進むことになった。就任演説で「米国の再建」を訴えたオバマはブッシュ Jr. 前政権からの明確な決別を鮮明にする政策や方針を矢継ぎ早に打ち出し，順調に滑り出した。ただ，閣僚など人事面では予備選挙で激しく対立したヒラリーを国務長官に，またブッシュ前政権下の国防長官ゲーツを留任させるなど，オバマ大統領は現実主義的な面を強めている。さらに2月17日，オバマ大統領は連邦議会で成立した総額872億ドルの「大型景気対策法」に署名する一方，同日には，アフガニスタンへ1万7千人を新たに派遣する米軍の増派計画を承認，アフガニスタンの駐留米軍は5万人に膨れあがることになった。

政治家にとって，「言葉は命」である。国民を奮い立たせる弁舌力が，危機の時代に求められる。だが，オバマにとって単に理想的な演説を行なうだけでは済まされない。今後オバマに問われるのは，政治の結果責任で，その実績に他ならない。

[2]憲法と関連文書

大統領の選出方法や権限を規定した合衆国憲法第2条は，簡潔に記述されている一方，内容にはかなりあいまいな部分が残されている。憲法制定直後の1788年，アレクサンダー・ハミルトンは，『ザ・フェデラリスト』のなかで，大統領職に託された権限の重要性について説明している。そして1789年から1797年までその座にあった初代大統領ジョージ・ワシントンは，告別演説の中で外交に対する行政府の考えを示し，憲法の理論から実践への最初の橋渡しをした。以来，少なくとも条文の上での大統領制は，ほとんど変化していない。

憲法における大統領の権限：第2条

憲法制定者たちは，責任を実質的に分離し，連邦議会と最高裁判所に対して，行政府に対抗するだけの強力な権限をあたえることで，連邦行政権の力を制限することを望んだ。

第1節

1. 行政権は，アメリカ合衆国大統領に属する。大統領の任期は4年とし，同一任期で選出される副大統領と共に，次の方法で選挙される。

2. 各州は，州議会が定める方法により，その州から連邦議会に送ることができる上院議員および下院議員の総数と等しい数の選挙人を選任する。ただし，上院議員または下院議員，合衆国政府のもとで信任もしくは報酬を受けて公職にあるものは，選挙人に任命されることができない。

3. 選挙人はそれぞれの州に会合し，秘密投票によって2人を選挙する。そのうち少なくとも1人は，選挙人と同じ州の住民でないことを要する。選挙人は得票者およびそれぞれの得票数の表を作成し，署名し証明をした上で封印をし，上院議長に宛てて，合衆国政府の所在地に送付しなければならない。上院議長は，上院議員および下院議員の出席のもとで，すべての証明書を開封し，投票を計算する。最多得票数が選挙人総数の過半数である場合には，その最多得票者が大統領となる。得票数が同じで，過半数を得たものが2人以上存在した場合，下院はただちに投票によって，そのうちの1人を大統領に選出する。過半数を得たものがいない場合は，表のなかで得票数の多い5人のなかから，同一方法で下院が大統領を選出する。ただし，大統領を選挙する際，投票は州を単位として行なわれ，各州の下院議員団はそれぞれ1票をもつ。その場合の定足数は，3分の2の州から1人以上の議員が出席していることで成立し，選出するためにはすべての州の過半数が必要となる。いずれの場合でも，大統領に選出されたものの次に最多得票数を得たものが副大統領となる。ただし，同じ数の得票者が2人以上いた場合，上院はそのなかから投票によって副大統領を選出しなければならない。

4. 連邦議会は，選挙人を選任する時期，および選挙人が投票を行なう日を定めることができる。その日は，合衆国全土で同じ日でなければならない。

5. 出生による合衆国市民，もしくはこの憲法が確定されたときに合衆国市民であったものでなければ，大統領になることができない。35歳に達していないもの，また14年以上合衆国の住民でないものは，大統領になることができない。

6. 大統領が免職された場合，死亡した場合，辞任した場合，または大統領の職の権限および義務を遂行できなくなった場合は，その職務権限は副大統領に帰属する。連邦議会は，大統領および副大統領が共に，免職された場合，死亡した場合，辞任した場合，もしくは職務が遂行できなくなった場合について法律で定め，その場合に大統領の職務を行なう公務員を定めることができる。その公務員は，職務遂行不能の状態が終了するまで，もしくは大統領が選出されるまで,その職務を行なう。

7. 大統領は，その職務に対して定められた時期に報酬を受け，その額は任期中増減されることはない。大統領はその任期中に，合衆国もしくは各州からほかのいかなる報酬も受けてはならない。

8. 大統領は，その職務の遂行を開始する前に，次のような宣誓もしくは確約をしなければならない。「私は，アメリカ合衆国大統領の職務を誠実に遂行し，合衆国憲法を全力で維持し，保護し，守ることを厳粛に誓います」

第2節

1. 大統領は，合衆国の陸海軍および現に合衆国の軍務のために召集された各州の民兵の最高司令官である。大統領は，行政各部の長官から，それぞれの職務に関するいかなる事項についても，文書による意見を求めることができる。また，大統領は弾劾の場合をのぞいて，合衆国に対する犯罪について刑の執行延期および恩赦をあたえる権限を有する。

2. 大統領は，上院の助言と同意を得て，条約を締結する権限を有する。ただし，その場合には上院の出席議員の3分の2の賛成が必要である。また大統領は，全権大使，その他の外交使節並びに領事，最高裁判所判事，およびその任命についてこの憲法に特段の規定がなく，法律で定められたほかのすべての合衆国公務員を指名し,上院の助言と同意を得て任命する。ただし，連邦議会は法律で，適当と認める下級公務員の任命権を，大統領のみに，または司法裁判所や各省の長官にあたえることができる。

3. 大統領は，上院の閉会中に生じたすべての欠員を，任命によって補充する権限を有する。ただし，その任命は次の会期の終わりに効力を失う。

第3節

大統領は連邦議会に対し，随時連邦の状況に関する状況を提供し，みずから必要でかつ適切と考える施策について，議会に審議を勧告する。大統領は，非常の場合には両議院またはいずれか一院を召集することができる。休会の時期について両院に意見の不一致がある場合は，適当と考える時期まで休会させることができる。大統領は，全権大使その他の外交使節を接受する。大統領は法律が忠実に施行されるよう配慮し，合衆国のすべての公務員を任命する。

第4節

大統領，副大統領および合衆国のすべての文官は，反逆罪，収賄罪またはその他の重罪および軽罪について弾劾され，かつ有罪の判決を受けたときは，その職を免ぜられる。

『アメリカ合衆国憲法』
(1787年9月17日)

『ザ・フェデラリスト』：憲法第2条の擁護と説明

建国の3人の祖父，ジョン・ジェイ，ジェームズ・マディソン，アレクサンダー・ハミルトンは，ニューヨークの新聞紙上で，合衆国憲法を批准しないニューヨーク邦の市民に向け，批准をうながすための論文『ザ・フェデラリスト』を発表した。以下は，行政権に関するハミルトンの文章である。

強力な行政部は共和政の本質と両立しないという考えがあり，その考えを支持する人びとがいる。共和政を理解する盟友ならば，このような考えには根拠がないことを少なくとも願う必要がある。なぜなら，同時にみずからの原理に対する非難を認めなければ，その正しさを認めることができないからである。行政部の活力は，良い政府の本質であり，その主要な性格のひとつである。それは，外部からの攻撃に対して社会の安全を守るために必要不可欠で，法を厳格に適用していく上でも，司法の通常の運営をときに妨げる非合法的な徒党から所有権を守る上でも，欠かすことができない。また，行政権の力強さこそが，野望，派閥，無政府状態の企みや攻撃から自由を守るのである。(略)

弱い行政部は，政府機能が弱まっていることを意味する。ところで，政府機能が弱体化した政権とは，悪い政権にほかならない。うまく運営されていない政府など，どのような理屈をつけてみても，実際には悪い政府以外のなにものでもない。

したがって，理性的な人間ならば誰でも，強力な行政部が必要であることに同意すると考えられる。そこで，残る問題は，どのような手段でこの活力が構成されているかという点を探求することである。それらの手段は，共和政治を維持するための手段とどのように結合されるべきなのか。憲法制定会議がつくりあげた憲法案のなかで，その結合はどの程度なされているのか。

行政部に活力をあたえているものは，第1に単一性，第2に持続性，第3に適切な給与上の措置，第4に十分な権限である。共和政治における安全性を保障する手段は，第1に国民に適度に依存していること，第2に国民に適度な責任を負っていることである。

思想の正しさと見解の公平さで知られる政治家たちは，ただひとりの人間からなる行政部と，多くの人間からなる立法部に賛成の意を表明している。彼らは行政部にとって一番必要な条件は活力であると考え，それをもっともたしかなものとするためには，ただひとりの人間の手に権力をゆだねるのが一番良い方法であると信じたが，そのことには十分な根拠がある。一方，彼らは審議と慎重さを理由に，また国民の信頼を得てその特権と利益を監視するためにも，立法部は多くの人間で構成されることがもっとも適していると信じたが，そのことにも同じく十分な根拠がある。

単一性から活力が生まれることには，異論の余地がない。決定，活動，秘密，迅速さといったものは，多くの人間よりもひとりの人間の行為を，よりはっきりと特徴づけるものである。これらの特性は，人数が増えるにつれて弱まってしまう。

行政府の単一性は，ふたつの異なる原因によって破壊されうる。一つは同程度の威厳と権限をもつ，ふたりあるいはそれ以上の行政官を任命すること。第二に，うわべはひとりの人間の手に行政権力をあたえていても，すべての点であるいは部分的に，助言者となるほかの人間の監視と協力に従うことによってである。

アレクサンダー・ハミルトン

「ザ・フェデラリスト」第70編

(1788年3月18日)

ジョージ・ワシントンの告別演説と不干渉の原則

初代大統領ジョージ・ワシントンが，その職を辞するにあたって明確にした原則は，その後，長らくアメリカの外交政策を決定し続けることになった。

諸外国に対するわれわれの重要な行動原則は，交易関係を広げるが，政治的な関係は極力結ばないようにすることである。すでにできあがっている関係については，この上なく誠実に義務をはたそう。だが，それ以上にでることを止めよう。

ヨーロッパには，ヨーロッパ全体のきわめて重要な利害がある。しかしそれは，われわれとはなんの関係もないか，あったとしても非常にわずかなものでしかない。したがって，ヨーロッパがつねに論争を行なっていても，その原因はわれわれの利害とは無縁なのである。そういうわけで，通常の政治の有為転変や，友好あるいは敵意にもとづくごく普通の策略や紛争と，わざわざかかわりあおうとすることは軽率だといえる。

（略）なぜ，これほど特殊な立場にあるという利点を捨て去るのか。なぜ，われわれ自身の国を捨てて，ほかの国に足を踏みいれるのか。なぜ，われわれの将来とヨーロッパのどこかの国の将来と織り合わせて，われわれの平和と繁栄を，ヨーロッパの野心，敵対関係，利害関係，機嫌，気まぐれといった辛苦のなかに引きずりこむのか。

世界中のどの国とも永久的な同盟を結ばずに，前進することこそわれわれの本当の政策である。私が言いたいのは，自己の裁量で決する限りにおいてである。すでに現存する協約について，不誠実であって良いと言うのではない（正直はつねに最上の政策であるという金言は，私事のみならず，公事にも適応しうると，私は考える）。つまり，くりかえしになるが，それらの既存の協約はありのままの方向で続けていかなければならない。しかし，それを広げていく必要はなく，それはむしろ軽率なことではないかというのが私の見解である。

ジョージ・ワシントン
告別演説（1796年9月19日）

大統領の権限にかかわる修正条項

以下の4つの条項は，大統領と副大統領の選挙，権限の委譲，任期の制限，大統領の職務遂行不能に関する修正条項である。

修正第12条（1804年）

選挙人はそれぞれの州で会合し，秘密投票によって大統領および副大統領を選挙する。そのうち少なくとも1人は，選挙人と同じ州の住民であってはならない。選挙人は，投票で大統領として選出したいものを指名し，別の投票で副大統領として選出したいものを指名する。選挙人は，大統領として投票されたすべてのものと，副大統領として投票されたすべてのものと，それぞれの得票数の表を別々に作成し，それらの表に署名し証明をした上で封印をし，上院議長に宛てて，合衆国政府の所在地に送付する。上院議長は，上院議員と下院議員の出席のもとで，すべての証明書を開封し，投票を計算する。大統領として最多得票数を得たものは，その数が選挙人総数の過半数であれば大統領となる。過半数を得たものがいない場合は，大統領として投票された表の3人以下のなかから，下院がただちに投票によって大統領を選出する。ただし，大統領を選挙する際，投票は州を単位として行なわれ，各州の下院議員団はそれぞれ1票をもつ。その場合の定足数は，3分の2の州から1人以上の議員が出席していることで，選出するためにはすべての州の過半数が必要となる。この選出権が下院に委譲された場合，下院が次の3月4日までに大統領を選出しなかったときには，大統領の死亡またはその他の憲法上の職務執行不能の場合と同じく，副大統領が大統領の職務を遂行する。

副大統領として最多得票数を得たものは，その数が選挙人総数の過半数であれば副大統領となる。過半数を得たものがいない場合は，表の最多得票数を得た2人のなかから，上院が副大統領を選出する。その場合の定足数は，上院議員の総数の3分の2であり，選出するためには総数の過半数が必要とする。ただし，憲法上大統領の職に就く資格がないものは，合衆国副大統領の職に就くことができない。

修正第20条（1933年）

第1節：大統領および副大統領の任期は，本条が承認されなかった場合に任期が終了する年の1月20日の正午に終了し，上院議員と下院議員の任期は，同じ年の1月3日の正午に終了する。後任者の任期は，そのときより開始する。

第2節：連邦議会は少なくとも年1回開会する。その開会日時は法律で別の日を定めないかぎり，1月3日の正午に開始する。

第3節：大統領の任期の開始期と定められた時において，次期大統領として当選したものが死亡していた場合には，次期副大統領として当選したものが大統領となる。任期の開始日と定められたときまでに大統領が選出されていなかったり，大統領の当選者が資格を満たしていない場合は，大統領が資格を満たすまで，副大統領の当選者が大統領の職務を行なう。連邦議会は，大統領の当選者および副大統領の当選者が共にその資格を満たしていない場合に誰が大統領の職務を行なうか，またはその職務を行なうものをどのような方法で選出するかは，法律で定めることができる。その場合，その者は大統領または副大統領が資格を満たすまで，大統領の職務を行なう。

第4節：連邦議会は，下院に大統領の選定権があるとき，大統領として選定されるべきもののなかに死亡者が生じた場合および上院に副大統領の選定権があるとき，副大統領として選定されるべきもののなかに死亡者の生じた場合について，法律で規定することができる。

第5節：第1節および第2節は，本条が承認されたのちの10月15日に効力を生じる。

第6節：本条は，その提出日から7年以内に，4分の3の州の議会によって本憲法の修正として承認されない場合は，その効力を生じない。

修正第22条（1951年）

第1節：何人も2度を超えて，大統領の職に選出されてはならない。他の者が大統領として選出された場合，その任期内に2年以上にわたって大統領の職にあった者，または大統領としての職務を行なった者は，1度を超えて大統領の職に選出されてはならない。ただし，本条は，本条が連邦議会によって発議されたときに大統領の職にある者には適用されない。また本条は，本条が効力を生じたときに任期中の大統領の職にある者，または大統領としての職務を行なっている者が，その任期の残りの期間中大統領の職にあること，または大統領としての職務を行なうことを妨げるものでない。

第2節：本条は，連邦議会によって提出された日から7年以内に，4分の3の州の議会によって本憲法の修正として承認されない場合は，その効力を生じない。

修正第25条（1967年）

第1節：大統領が免職，死亡，辞任した場合には，副大統領が大統領となる。

第2節：副大統領職が欠員の場合，大統領は副大統領を指名し，指名されたものは連邦議会の両院の過半数の投票で承認された場合，副大統領職に就任する。

第3節：大統領が，職務上の権限と義務が遂行できないという書面による申し立てを上院の仮議長および下院議長に送付したときは，大統領が書面によるそれと反対の申し立てを上院の仮議長と下院議長に送付するまで，副大統領が大統領代理としてその権限と義務を遂行するものとする。

第4節：副大統領および行政各部または連邦議会が法律で定めるほかの機関の長官の過半数が，大統領が職務上の権限と義務を遂行することができないという書面による申し立てを上院の仮議長および下院議長に送付したときは，副大統領がただちに大統領代理として，大統領職の権限と義務を遂行する。その後，大統領がそのような職務遂行不能の状態が存在しないという文書による申し立てを上院の仮議長と下院議長に送付したときは，大統領は職務上の権限と義務を回復する。ただし，副大統領および行政各部または連邦議会が法律で定めるほかの機関の長官の過半数が，大統領が職務上の権限と義務を遂行することができないという文書による申し立てを４日以内に上院の仮議長および下院議長に送付したときは，このかぎりではない。その場合，連邦議会がこの問題に決定をくだす。そのために，連邦議会は休会中であれば48時間以内に開会しなければならない。連邦議会が後者の文書による申し立てを受理してから21日以内に，または議会が休会中のときには開会されることになっている日から21日以内に，両院の３分の２の投票で，大統領が職務上の権限と義務を遂行することができないと決定した場合は，副大統領が大統領代理として職務を継続する。その反対の場合は，大統領は職務上の権限と義務を回復する。

3アメリカの転換期

1961年，ケネディがアイゼンハワーのあとを継ぎ，第35代合衆国大統領の座に就いた。このとき，アイゼンハワーは告別演説で，巨大な軍事組織と大規模な軍需産業の結びつき（「軍産複合体」）がもつ危険性について警鐘を鳴らし，ケネディは就任演説で，理想的見地から，東西両陣営の対話と「戦争そのものとの戦い」を訴えた。だが，このあとアメリカは，大統領の権力への歯止めを次第に失い，ベトナム戦争やイラク戦争へ突き進んでいくことになる。

「安全と自由を共に発展させることができる」

われわれのもつ軍事組織は，平和を維持するために必要不可欠な要素である。いかなる潜在敵国もあえてその破滅の危機を冒すことのないように，われわれの軍事力を強大にし，即座に行動する準備が整っていなければならない。こんにちのわれわれの軍事組織は，平和な時代の私の先任者たちや，さらには第２次世界大戦あるいは朝鮮戦争時の軍人たちが経験した軍事組織とはまったく異なったものである……。

われわれは，大規模で恒久的な軍需産業を生みだすことを余儀なくされた。さらに，350万人の男女が国防組織に直接従事している。われわれは軍事防衛のためだけに，合衆国のすべての会社の純所得を上まわる金額を毎年費やしている。

巨大な軍事組織と大規模な軍需産業のこうした結びつきは，いままでアメリカが経験したことのないものである。その全体的な影響力，経済的，政治的，さらには精神的な影響力までもが，あらゆる都市，あらゆる州議会，連邦政府のそれぞれの部局で見られる。このような事態の進展がどうしても避けられないものであることを，われわれは認識している。しかし，その深刻な結果について納得しておくことを忘れてはならない。そこには，われわれの辛苦，われわれの能力，われわれの生計手段といった，すべてのものがかかわっている。

つまり，われわれの社会機構そのものまでかかわっている。

そういうわけで，政府内の会議で，この軍産複合体が外的要因によってであれ，そうでないにしても，不当な影響をおよぼさないように気をつけなければならない。不当な影響力が勢力を得て災いをもたらす危険性は，現在もあるし，将来も存続しつづけるだろう。この軍産複合体の影響力を放置して，われわれの自由や民主的な過程を危険にさらすことがあってはならない。何事も，仕方ないこととしてはならないのだ。すぐに反応し，情報に通じている分別ある国民のみが，この国防上の巨大な産業と軍事の機構をわれわれの平和的な手段と目的とに文字どおり合致させることで，安全と自由を共に発展させることができるのである。

ドワイト・D・アイゼンハワー
告別演説（1961年1月17日）

「国家があなたのために何をしてくれるかをたずねるのではなく……」

両陣営とも，礼儀正しさは弱さのしるしではなく，誠実さはつねに疑わしいものだということを忘れずに，あらたな一歩を踏みだそう。恐怖を覚えるから交渉するということではいけません。しかし，交渉することを恐れてもいけません。

両陣営共に，われわれを分裂させている問題に熱中するのではなく，われわれを結びつけることができる問題を探求しよう。

まずはじめに，各陣営が軍備の査察と軍備の規判のための堅実で的確な提案を行ない，絶対的な破壊力をすべての国の完全な監視下に置くことにしよう。

両陣営共に，科学の恐怖ではなく，科学の奇跡を願おうと努めることだ。一緒に宇宙を探査し，砂漠を征服し，病気を根絶し，深海を開発し，芸術と通商を奨励しよう。

両陣営は団結し，「くびきのひもを解き，虐げられた人を解放し去らせ，祈ること」というイザヤ〔古代イスラエルの預言者〕の言葉を，地球上のすべての場所にいきわたらせよう。

そしてもし，協力の足がかりが築かれ，疑惑を払拭することができれば，両陣営は新しい試みのなかで，新しい力の均衡のためではなく，強者が公正で，弱者が保護され，法によって平和が守られる新しい正義の世界をつくるために，団結することになる。

最初の100日間では，すべてのことはできないだろう。1000日間でも，この任期のあいだでも，あるいはこの地球上でわれわれが生きているあいだでも，なしとげることはできないかもしれない。しかし，はじめようではないか！

われわれのとる道が最終的に成功するか否かは，私以上にあなたがた国民のみなさんの手にかかっている。建国以来，それぞれの世代のアメリカ人が，国家に対する忠誠を証明するために召集されてきた。世界中の旗の下にある，召集された若いアメリカ人たちの墓が，そのことを示している。

トランペットの音が，ふたたび鳴りひびいた。武器は必要だが，武器をとれという召集ではない。戦ってはいるが，戦うための召集ではない。「希望をもって喜び，逆境に耐えながら」，何年も続く不確かな長い戦いの重荷を負え，という召集なのだ。その戦いとは，人類共通の敵，つまり専制，貧困，病気，そして戦争そのものとの戦いなのである。こうした敵と戦うための，北から南，東から西までの世界的な大同盟をつくることができないだろうか。その同盟は，全人類により豊かな生活を保障してくれるはずである。この歴史的な努力に，あなたがたも参加してもらえないだろうか。

世界の長い歴史において，平和が非常な危機に瀕していた時代に，平和を守る役割をあたえられた世代はごく少数である。私はこの責任を免れようとは思わない。私はそれを待ちのぞんでいる。われわれの誰もが，自分の立場をほかの人間，あるいはほかの世代と交換することを受けいれるとは思わない。このような努力にわれわれが捧げるエネルギー，信念，献身は，われわれの国家と国家に仕えるすべての人を照らすだろう。その光の輝きは，文字どおり世界を照らすことができるのである。

そういうわけで，アメリカ国民の皆さん。国家があなたのために何をしてくれるかをたずねるのではなく，あなたが国家のために何ができるかをたずねてください。わが同胞である世界市民の皆さん。アメリカがあなたのために何をしてくれるかではなく，われわれと共に，人類の自由のために何ができるかを問いかけようではありませんか。

最後に，あなたがアメリカ市民であっても世界の市民であっても，われわれがあなたがたに期待しているのと同じ高い水準の断固とした態度と犠牲の精神を，ここにいるわれわれに求めたまえ。良心をただひとつの確かな報酬とみなし，歴史をわれわれの行為のただひとつの最終判断と考えて，神の祝福と助けを求めながら，この地上における神の仕事は，実際にはわれわれ自身の仕事でなければならないということを自覚しつつ，われわれの愛する国を導くために前進しよう。

ジョン・F・ケネディ

就任演説（1961年1月20日）

4 大統領制の危機

1974年から98年まで，アメリカの大統領制は，その機能を弱体化させた3つの大きな事件に見舞われた。ニクソンのウォーターゲート事件，レーガンのイラン・コントラ事件，クリントンの弾劾裁判である。また，2001年9月11日の同時多発テロ事件以降は，ブッシュ Jr.のもと，「新たな帝王的大統領制」とよべる体制が復活した。その絶対的権力は，のちに電話の盗聴に関する司法省の覚書であきらかにされている。

レーガンのイラン・コントラ事件

ロナルド・レーガンは，ニカラグアのサンディニスタ政権に対抗していた反政府組織「コントラ」に対し，支援を望んでいた。しかし，連邦議会では，民主的に選ばれた政府に対する抵抗運動に合衆国が資金援助することを禁じる法律が，すでに可決されていた（1982年と84年のボーランド修正）。そこで，国家安全保障会議のノース中佐は，イランへ武器を売却して（この行為そのものが，連邦議会で可決された法律に違反していた），その代金を「コントラ」に流すという方法を思いついたのである。

以下では，一連の事実をもとに，ロナルド・レーガンを罪に問うことができるかどうかについて捜査した，独立検察官ローレンス・ウォルシュによる報告書の抜粋である。

論告の概要

この報告書のホワイトハウスに関する部分で詳述したように，レーガン大統領が刑事上の規定に違反したという，信用できる証拠はなにひとつ発見されなかった。独立検察官事務所は，レーガンが資金の流用を許可した，あるいは資金の流用にまさしく精通していた，あるいはオリヴァー・ノースがコントラの供給網を監督していたことを知っていたという点について，あきらかにすることができなかった。

しかし，以下のように，大統領はほかの人間が違法な活動を行なう環境をつくっていた。

——1984年10月から1986年10月にかけて，ボーランド修正によってコントラのための資金が底をついた時期に，コントラに対する援助を助長，一般的な言葉を使うなら，命じたことによって。

——合衆国によるこの種の通商禁止に違反するにもかかわらず，イランへの武器売却を許可したことによって。

国外での行政行為を制限するための法令（とくにボーランド修正，武器輸出管理法，秘密活動に対して大統領が連邦議会に報告する法律上の要求）を大統領が無視したことは，政治を担う何人かの連邦公務員に，法律をゆがめてもかまわないと十分考えさせるだけのムードをつくりだした。

ボーランド修正による禁止の時期に出された，「全身全霊で」コントラとの脈絡を保つようにとのレーガン大統領の指示を，実際に適用させよとの任務をマクファーレン（1983年から85年までの国家安全保障担当補佐官）からあたえられたノースは，それが法律に抵触してもよいという意味だと解釈した。また，法律に違反する可能性があるという理由で，ワインバーガー（国防長官）とシュルツ（国務長官）が反対したにもかかわらず，1985年にレーガン大統領は，イスラエルを介してイランへ武器を売却する許可をくだした。このことは，ポインデクスター（1985年から86年までの国家安全保障担当補佐官）が資金流用を許可する最終決定につながった。ポインデクスターは連邦議会で，自分の判断で決定をくだし，大統領に報告はしなかったものの，大統領も同意しているはずだと考えていたとのべている。一方ノースは，宣誓した上で，大統領が許可したと考えていたと明言している。

（略）

所見と勧告

独立検察官の所見と共に，報告書は次のような論告を行なう。イラン・コントラ事件によってあきらかになった政府機関の問題は，統制に従わない不逞の輩による活動の結果生じたものではなく，むしろ連邦議会の監視を逃れようとする行政側の意向を示している。この文書が証明しているように，司法長官の矛盾した役割（大統領の側近であると同時に，最高レベルで法律を適用する任務にもあたっている）から，今回の場合のような行政府の犯罪における決定的な利害の衝突が生じている。司法長官が法律を適用する責任者としての任務を怠り，大統領を守ろうとした場合，このようにして生じた欠陥を改めるのに，議会の監視だけでは不十分だということを，独立検察官は指摘する。

おもな当事者たちにあたえられた特権によって，捜査と追跡に提起された微妙で難しい問題を，連邦議会が調査することを独立検察官は要求する。問題の核心についてこのような調査を行なう連邦議会の重要な責任を認識する一方で，このようにきわめてあきらかな事件における主要な当事者たちに認められた特権が，実際には効果的な追求を完全に禁じてしまうことも認めなければならない。

また独立検察官は，ほとんどすべての情報が機密あつかいになっていたイラン・コントラ事件のようなケースにおける，機密手続きに関する法律（機密情報手順法：CIPA）の適用についての問題にも触れておく。本法律によると，司法長官は訴訟のために必要な機密情報を提供するかどうかの決定権を，たとえ司法長官の利害の衝突を捜査するために独立検察官が任命された場合でさえ，完全に握っている。この自由裁量権は，とくに機密情報に関して責任のある情報機関の人間が捜査の対象となっている場合，あきらかに独立検察官が必要とされている状況に適合しない。この自由裁量権によって，機密情報の提供が求められる可能性がある厄介な捜査のすべてに，司法長官は事実上障害物を設けることができる。独立検察官は，行政府のメンバーを対象とする捜査を妨げる決定とは無関係の調査と，連邦議会による実際の監視を共に可能にする基準を，司法長官が設けることを提案する。

ローレンス・ウォルシュ
「イラン・コントラ事件に関する
最終報告書」

コロンビア特別区連邦控訴裁判所
(1993年8月4日)

「犯罪と重大な違法行為」：ニクソンとクリントンとの著しい対照

1998年末に下院司法委員会は，その後，上院で行なわれることになるクリントン大統領の弾劾裁判に先立って，訴追のために証人の陳述を聞いた。かつて両院委員会顧問として，ウォーターゲート事件でニクソン弾劾の準備を進めたことのあるジェイムズ・ハミルトンは，国家に対する「犯罪と重大な違法行為」の基準に詳しく，ニクソンとクリントンの責任の違いを次のようにのべている。

私の考えでは，ニクソン大統領とクリントン大統領の行為には，歴然とした違いがあります。かつて委員会は，次の5つの越権行為を理由に，ニクソンの弾劾を可決しました。

——第1に，（ニクソンは）敵対者に関する監査と調査の開始を国税当局に命じ，大統領の政治的利益となるよう，これらの敵対者に関する情報を協力者に提供した。

——第2に，大統領の政治的利益となるよう，FBIとシークレットサービスに盗聴を命じ，その後，盗聴の証拠を隠蔽するようFBIに命じた。

——第3に，「鉛管工」と呼ばれる特別調査チームをつくり，CIAの機関と選挙資金を利用して，さまざまな違法の秘密活動を行なわせた。その活動には，ダニエル・エルズバーグ（国防総省の機密文書ペンタゴン・ペーパーズを『ワシントン・ポスト』紙に渡した国防総省職員）が通っていた精神科医のオフィスへの侵入も含まれる。
——第4に，民主党本部への侵入に関する捜査を妨害する行為を許可し，隠蔽とそれにともなうその他の違法行為を容認した。
——第5に，個人的な利益のために，FBI，犯罪局，ウォーターゲート事件独立検察官を妨害した。この介入には，捜査をもみ消すために，コックス独立検察官を解任し，独立検察官事務所の廃止を企てたことも含まれる。

委員長，このような行為は，まさしく弾劾を裏づける「犯罪と重大な違法行為」とみなされました。建国の父のひとりで，この「犯罪と重大な違法行為」という言葉を使ったジョージ・メイソンの表現を借りれば，ニクソンの行為は憲法を破壊する試みに等しい，国家に対する重大で深刻な違法行為であります。

国家に対する深刻で有害な違法行為という観念は，弾劾に値する違法行為の本質をあらわしています。アレクサンダー・ハミルトンの言葉を引用すれば，「それは，社会そのものに対する損害と直接結びついていなければならない。大統領は罰せられるためではなく，もし彼がその職にとどまることを許したらくりかえされる可能性がある，深刻で有害な違法行為から国家と社会を守るために，弾劾されなければならない」のです。

失礼ながら申しあげますと，クリントン大統領に嫌疑がかけられている職権の濫用は，国家に対する危険に相当するものではないと断言できます。国民と政府のメンバーを欺くことは恥ずべき行為ですが，私的な，あるいは公的な問題についてうそをついている公務員をすべて弾劾しなければならないとしたら，行政府からはあまりにも多くの人間が立ち去ることになるのではないかと，私は危惧しております。

たとえばベトナム戦争の問題に関するリンドン・ジョンソンなど，ほかの大統領たちも，私的な，あるいは公的な声明で完全に正直だったわけではありません。弾劾には，一定の基準を設ける必要があります。ニクソンに対する弾劾決議第1条は，ウォーターゲート事件に関連する違法行為について行政府の捜査を行ない，行政府と選挙委員会の職員は違法行為と無関係であるという結論を出すことで国民を惑わしたという理由で，ニクソンを糾弾しています。実際，政府の主張はまったくの偽りで，政府が犯した悪事の大規模な隠蔽が行なわれていたのでした。

それは，大人の男女による合意の上での性的行為に関するうその声明とは，まったく異なる性質のものです。その要求は却下されましたが，大陪審で行政府が特権を要求したという事実が弾劾に値する違法行為であるという主張は，あまりにも無理があるように私には思われます。大統領は顧問の助言に従って訴訟を起こし，連邦地方裁判所は，大統領の会話の秘密を保護するよりも司法制度の必要性のほうが勝るという判断を下しはしましたし，大統領の会話は機密事項であることも認めました。

裁判所は，行政府が特権の適用を要求することが不誠実であるとは，一度も示唆していません。行政府の特権の適用に関する論争に負けても，弾劾に値する違法行為にはならないのです。

ジェイムズ・ハミルトン
下院司法委員会にて
ビル・クリントンの訴追の一環として
(1998年12月9日)

クリントンの弾劾裁判

ハミルトンの戒告にもかかわらず，賛成者がわずかに上まわり，偽証罪と司法妨害というふたつの理由で，ビル・クリントンの弾劾が連邦下院で決定した。以下は，弾劾条項の抜粋である。

アメリカ合衆国大統領ウィリアム・ジェファーソン・クリントンが国家反逆罪とその他の違法行為で弾劾され，以下の弾劾条項が上院に提出されることが決定した。

第1条

アメリカ合衆国大統領としての不正行為において，ウィリアム・ジェファーソン・クリントンは，合衆国大統領の職務を忠実に遂行し，能力のかぎり合衆国憲法を維持し，保護し，擁護するという憲法上の宣誓に違反し，また，法律が忠実に施行されるよう配慮するという憲法上の義務に違反して，個人的な利益と免責を理由に，アメリカの司法過程を故意にゆがめ，操作し，正常な司法過程を以下のように妨害した。

1998年8月17日に，ウィリアム・ジェファーソン・クリントンは，連邦大陪審の前で，真実を，すべての真実を，真実だけをのべると宣誓した。この宣誓に違反して，ウィリアム・ジェファーソン・クリントンは大陪審で，以下の点で意図的に人を欺く虚偽の陳述を行なった。

1. 行政府の女性下級公務員との関係の性質と詳細。
2. 以前に連邦裁判所で彼に対して起こされた民事訴訟での，人を欺く虚偽の陳述。
3. 以前と同様の民事訴訟で，自分の顧問に対して許可した，連邦判事への虚偽の声明。
4. 同様の民事訴訟で，真実を探るためという理由で行なった証拠の改ざんと議事妨害の企て。

これらの事実によって，ウィリアム・ジェ

ファーソン・クリントンは，みずからの職務全体を危険にさらし，大統領職の名声を傷つけ，大統領に対する信頼を裏切り，法律のルールと正義をくつがえす意図で行動し，合衆国国民の利益をあきらかに犠牲にした。

上記にもとづき，ウィリアム・ジェファーソン・クリントンは，その行為によって，弾劾，訴訟，罷免，合衆国の支配下にある名誉と信頼と利益を伴う全職務への従事またはその職務の享受の停止に値する。

第2条

アメリカ合衆国大統領としての不正行為において，ウィリアム・ジェファーソン・クリントンは，（略）司法の円滑な進行を阻止し，妨げ，妨害し，この目的のため，みずから，また配下や部下を通じて，自分の意に反して合法的に行なわれた正規の手続きによって連邦裁判所ではじまった民事訴訟を遅らせ，妨害する計画を立て，当該訴訟に関する証拠や証言の存在を隠蔽あるいは隠滅した。

下院議長ニュート・ギングリッチ

（1998年12月19日）

連邦上院では，賛成50票，反対50票で弾劾は否決され，クリントン大統領は無罪を宣告された。

ブッシュJr.の超大統領制

1978年に制定された国際機密情報監視法によれば，テロ行為の嫌疑をかけられた個人の盗聴には，裁判所の令状が必要とされていた。それにもかかわらず，2001年9月11日に同時多発テロ事件が起きると，ブッシュ大統領は直ちに，令状なしでの盗聴を行なう決定をくだした。また軍最高司令官の権限により，国家安全保障局に盗聴を行なわせた。こうした違法行為の存在は，2005年末，『ニューヨーク・タイムズ』紙によって暴露された。

司法省は覚書のなかで，行政権を途方もなく拡大解釈した上で，この盗聴行為の合憲性を主張している。

NSA（国家安全保障局）の活動は，国防上必要不可欠なものである。アルカーイダに関係していることがかなり疑わしい人物による，合衆国からの，および合衆国への国際通信に的をしぼったこれらの活動は，先を見越した警戒システムを合衆国にもたらし，次の攻撃を避けるために役だっている。以下の理由で，NSAの活動は合法的であり，市民の自由と合致している。

NSAの活動は，軍隊の最高司令官として，および対外関係分野における国家のただひとつの機関としての，大統領固有の憲法上の権限に基礎を置いている。何人も異議をとなえることのできないこの権限によって，裁判所の令状をあらかじめ用意することなく，合衆国に対する武装攻撃行為を特定し，予防するための情報を得るべく，敵の力を監視することができる。憲法によれば，大統領の第1の責任はこのような攻撃から合衆国を守ることであり，このように厳粛な責任をはたすために必要な権限を，憲法は大統領にあたえている。大統領はアメリカ国民を守るため，自分がもつすべての権限を憲法に従って使用することを，きわめてはっきりと宣言した。

現在進行中の，アルカーイダやアルカーイダに味方するそのほかのテロ組織との武力衝突という特殊な状況において，連邦議会は法律によって，国土に大惨事を招く他のあらゆる攻撃を防ぐため，裁判所の令状をあらかじめ用意せずに監視を行なうことができるという，憲法第2条によって大統領に認められた権限を裏づけた。2001年9月11日の同時多発テロ事件に対する立法府による最初の反応として連邦議会は，「合衆国に対する将来のあらゆる別の国際テロ攻撃を防ぐ」ため，2001年9月11日の「テロ攻撃を計画的に組織し，許可し，委ね，助けたことが証明された国家，組織，または個人に対して，必要で適切ななすべての力を使う」ことを大統領に許可した。(略)

武力衝突の時期に裁判所の令状をあらかじめ用意せずに敵の通信を監視することが，軍事力行使の許可で示されているような権力の行使に，当然のことながら付随する根本的な事柄であることは，歴史がはっきりと証明している。「ハムディ対ラムズフェルド事件」(2004年) で合衆国最高裁判所が軍事力行使の許可について示した解釈は，軍事力行使の許可に関して，アルカーイダやアルカーイダに味方するそのほかのテロ組織に対する武力衝突に連邦議会がはっきりと同意したことを立証している。これはつまり，こうした武力衝突における権力に従来から認められている付随する事柄のすべて（そのなかには，わが国と外国における敵の通信を傍受するため，裁判所の令状をあらかじめ用意せずにコンピュータによる通信の監視を行なうことも含まれる）に，連邦議会が同意したということである。軍事力行使の許可に関するこの解釈は，国家を守る大統領の権限に対する連邦議会の支持を証明している。また，「戦争状態にあっても，一切の自由が大統領に認められているわけではない」という「ハムディ対ラムズフェルド事件」でのオコナー判事の警告とも合致する。

軍事力行使の許可は，それによってNSAの活動が認められるとき，大統領の権力を最大限にする。「ヤングスタウン・シート&チューブ社対ソーヤー事件」(1952年）でジャクソン判事は，大統領の権限を決定する際には，(1) 連邦議会の承認がある場合，(2) 連邦議会の権限が譲渡されないか，連邦議会の権限の譲渡が拒否された場合，（3）大統領が憲法上の権限によって連邦議会の措置と一致しない決定をする場合，の3つにわけて検討する必要があるとのべている。軍事力行使の許可は非常に広大な範囲におよぶ性質であるので，この場合の大統領の決定はジャクソン判事が示した上記の（1）に妥当する。以上のことから，NSAの活動を許可する大統領の権限はもっとも強大なものであるという結論が導きだされる。というのも，大統領は「連邦議会による，明示されたあるいは暗黙の同意のもとで」行動し，大統領の権限には「憲法で認められている大統領自身のすべての権限に加えて，連邦議会が譲渡できるすべての権限が含まれている」からである。

司法省覚書

ワシントンD.C.（2006年1月19日）

5 歴代大統領・副大統領一覧

	大統領 副大統領	在任期間 在任期間
1	**ジョージ・ワシントン**	**1789～1797年**
	ジョン・アダムズ	1789～1797年
2	**ジョン・アダムズ**	**1797～1801年**
	トーマス・ジェファーソン	1797～1801年
3	**トーマス・ジェファーソン**	**1801～**
	アーロン・バー	1801～1805年
	ジョージ・クリントン	1805～1809年
4	**ジェームズ・マディソン**	**1809～1817年**
	ジョージ・クリントン	1809～1812年
	エルブリッジ・ゲリー	1813～1814年
5	**ジェームズ・モンロー**	**1817～1825年**
	ダニエル・トンプキンズ	1817～1825年
6	**ジョン・クインシー・アダムズ**	**1825～1829年**
	ジョン・C・カルフーン	1825～1829年
7	**アンドリュー・ジャクソン**	**1829～1837年**
	ジョン・C・カルフーン	1829～1833年
	マーティン・ヴァン・ビューレン	1833～1837年
8	**マーティン・ヴァン・ビューレン**	**1837～1841年**
	リチャード・M・ジョンソン	1837～1841年
9	**ウィリアム・H・ハリソン**	**1841年**
	ジョン・タイラー	1841年
10	**ジョン・タイラー**	**1841～1845年**
	なし	
11	**ジェームズ・K・ポーク**	**1845～1849年**
	ジョージ・M・ダラス	1845～1849年
12	**ザカリー・テイラー**	**1849～1850年**
	ミラード・フィルモア	1849～1850年
13	**ミラード・フィルモア**	**1850～1853年**
	なし	
14	**フランクリン・ピアース**	**1853～1857年**
	ウィリアム・R・キング	1853年
15	**ジェームズ・ブキャナン**	**1857～1861年**
	ジョン・C・ブレッキンリッジ	1857～1861年
16	**エイブラハム・リンカーン**	**1861～1865年**
	ハンニバル・ハムリン	1861～1865年
	アンドリュー・ジョンソン	1865年
17	**アンドリュー・ジョンソン**	**1865～1869年**
	なし	
18	**ユリシーズ・S・グラント**	**1869～1877年**
	スカイラー・コルファクス	1869～1873年
	ヘンリー・ウィルソン	1873～1875年
19	**ラザフォード・B・ヘイズ**	**1877～1881年**
	ウィリアム・A・ウィーラ	1877～1881年
20	**ジェームズ・A・ガーフィールド**	**1881年**
	チェスター・A・アーサー	1881年
21	**チェスター・A・アーサー**	**1881～1885年**
	なし	
22	**グロヴァー・クリーヴランド**	**1885～1889年**
	トーマス・A・ヘンドリックス	[*6] 1885年
23	**ベンジャミン・ハリソン**	**1889～1893年**
	リーヴァイ・P・モートン	1889～1893年
24	**グロヴァー・クリーヴランド**	**1893～1897年**
	アドレー・E・スティーヴンソン	1893～1897年
25	**ウィリアム・マッキンレー**	**1897～1901年**
	ギャレット・A・ホーバート	1897～1899年
	セオドア・ルーズヴェルト	1901年

大統領 副大統領	在任期間 在任期間
26 セオドア・ルーズヴェルト	**1901〜1909年**
チャールズ・フェアバンクス	1905〜1909年
27 ウィリアム·H·タフト	**1909〜1913年**
ジェームズ·S·シャーマン	1909〜1912年
28 ウッドロウ・ウィルソン	**1913〜1921年**
トーマス·R·マーシャル	1913〜1921年
29 ウォレン·G·ハーディング	**1921〜1923年**
カルヴィン・クーリッジ	1921〜1923年
30 カルヴィン・クーリッジ	**1923〜1929年**
チャールズ·G·ドーズ	1925〜1929年
31 ハーバート·C·フーヴァー	**1929〜1933年**
チャールズ・カーティス	1929〜1933年
32 フランクリン·D·ルーズヴェルト	**1933〜1945年**
ジョン·N·ガーナー	1933〜1941年
ヘンリー·A·ウォレス	1941〜1945年
ハリー·S·トルーマン	1945年
33 ハリー·S·トルーマン	**1945〜1953年**
アルバン·W·バークリー	1949〜1953年
34 ドワイト·D·アイゼンハワー	**1953〜1961年**
リチャード·M·ニクソン	1953〜1961年
35 ジョン·F·ケネディ	**1961〜1963年**
リンドン·B·ジョンソン	1961〜1963年
36 リンドン·B·ジョンソン	**1963〜1969年**
ヒューバート·H·ハンフリー	1965〜1969年
37 リチャード·M·ニクソン	**1969〜1974年**
スピロ·T·アグニュー	1969〜1973年
ジェラルド·R·フォード	1973〜1974年
38 ジェラルド·R·フォード	**1974〜1977年**
ネルソン·A·ロックフェラー	1974〜1977年
39 ジェームズ·E·カーター	**1977〜1981年**
ウォルター·F·モンデール	1977〜1981年
40 ロナルド·W·レーガン	**1981〜1989年**
ジョージ·H·W·ブッシュ	1981〜1989年
41 ジョージ·H·W·ブッシュ	**1989〜1993年**
J·ダンフォース・クエール	1989〜1993年
42 ウィリアム・J·クリントン	**1993〜2001年**
アルバート・ゴア	1993〜2001年
43 ジョージ·W·ブッシュ	**2001〜2009年**
ディック・チェイニー	2001〜2009年
44 バラク・H・オバマ	
ジョン・バイデン	

6 大統領選挙の結果(1789年以降)

年	州の数	候補者	政党	普通選挙	%	選挙人団	投票率(%)
1789年	10	**ジョージ・ワシントン**	無所属	–	–	69	–
		ジョン・アダムズ	無所属	–	–	35	
		その他の候補者		–	–	35	
1792年	15	**ジョージ・ワシントン**	無所属	–	–	132	–
		ジョン・アダムズ	無所属	–	–	77	
		ジョージ・クリントン	無所属	–	–	50	
		その他の候補者		–	–	5	
1796年	16	**ジョン・アダムズ**	連邦党	–	–	71	–
		トーマス・ジェファーソン	民主共和党	–	–	68	
		トーマス・ピンクニー	連邦党	–	–	59	
		アーロン・バー	民主共和党	–	–	30	
		その他の候補者		–	–	48	
1800年	16	**トーマス・ジェファーソン**	民主共和党	–	–	73	–
		アーロン・バー	民主共和	–	–	73	
		ジョン・アダムズ	連邦党	–	–	65	
		チャールズ·C·ピンクニー	連邦党	–	–	64	
		ジョン・ジェイ	連邦党	–	–	1	
1804年	17	**トーマス・ジェファーソン**	民主共和党	–	–	162	–
		チャールズ·C·ピンクニー	連邦党	–	–	14	
1808年	17	**ジェームズ・マディソン**	民主共和党	–	–	122	–
		チャールズ·C·ピンクニー	連邦党	–	–	47	
		ジョージ・クリントン	民主共和	–	–	6	
1812年	18	**ジェームズ・マディソン**	民主共和党	–	–	128	–
		デウィット・クリントン	連邦党	–	–	89	
1816年	19	**ジェームズ・モンロー**	民主共和党	–	–	183	–
		ルーファス・キング	連邦党	–	–	34	

年	州の数	候補者	政党	普通選挙	%	選挙人団	投票率(%)
1820年	24	**ジェームズ・モンロー**	民主共和党	–	–	231	–
		ジョン・クィンシー・アダムズ	独立党	–	–	1	
1824年	24	**ジョン・クィンシー・アダムズ**	民主共和党	104,740	30.5	84	26.9
		アンドリュー・ジャクソン	民主共和党	153,544	43.1	99	
		ヘンリー・クレイ	民主共和党	47,136	13.2	37	
		ウィリアム·H·クロウフォード	民主党	46,618	13.1	41	
1828年	24	**アンドリュー・ジャクソン**	民主党	647,286	56.0	178	57.6
		ジョン・クィンシー・アダムズ	国民共和党	508,064	44.0	83	
1832年	24	**アンドリュー・ジャクソン**	民主党	701,780	54.2	219	55.4
		ヘンリー・クレイ	国民共和党	484,025	37.4	49	
		その他の候補者		107,988	8.0	18	
1836年	26	**マーティン・ヴァン・ビューレン**	民主党	764,176	50.8	170	57.8
		ウィリアム·H·ハリソン	ホイッグ党	550,816	36.6	73	
		ヒュー·L·ホワイト	ホイッグ党	146,107	9.7	26	
1840年	26	**ウィリアム·H·ハリソン**	ホイッグ党	1,274,624	53.1	234	80.2
		マーティン・ヴァン・ビューレン	民主党	1,127,781	46.9	60	
1844年	26	**ジェームズ·K·ポーク**	民主党	1,338,464	49.6	170	78.9
		ヘンリー・クレイ	ホイッグ党	1,300,097	48.1	105	
		ジェームズ·G·バーニー	自由党	62,300	2.3		
1848年	30	**ザカリー・テイラー**	民主党	1,360,967	47.4	163	72.7
		ルイス・カス	民主党	1,222,342	42.5	127	
		マーティン・ヴァン・ビューレン	自由土地党	291,263	10.1		
1852年	31	**フランクリン・ピアース**	民主党	1,601,117	50.9	254	69.6
		ウィンフィールド・スコット	ホイッグ党	1,385,453	44.1	42	
		ジョン·P·ヘイル	自由土地党	155,825	5.0		

年	州の数	候補者	政党	普通選挙	%	選挙人団	投票率(%)
1856年	31	**ジェームズ・ブキャナン**	民主党	1,832,955	45.3	174	78.9
		ジョン·C·フリーモント	共和党	1,339,932	33.1	114	
		ミラード・フィルモア	アメリカ党	871,731	21.6	8	
1860年	33	**エイブラハム・リンカーン**	共和党	1,865,593	39.8	180	81.2
		スティーヴン·A·ダグラス	民主党	1,382,713	29.5	12	
		ジョン·C·ブレッキンリッジ	民主党	848,356	18.1	72	
		ジョン・ベル	立憲連合党	592,906	12.6	39	
1864年	36	**エイブラハム・リンカーン**	共和党	2,206,938	55.0	212	73.8
		ジョージ·B·マクレラン	民主党	1,803,787	45.0	21	
1868年	37	**ユリシーズ·S·グラント**	共和党	3,013,421	52.7	214	78.1
		ホレイショ・シーモア	民主党	2,706,829	47.3	80	
1872年	37	**ユリシーズ·S·グラント**	共和党	3,596,745	55.6	286	71.3
		ホーレス・グリーリー	民主党	2,843,446	43.9		
1876年	38	**ラザフォード·B·ヘイズ**	共和党	4,036,572	48.0	185	81.8
		サミュエル·J·ティルデン	民主党	4,284,020	51.0	184	
1880年	38	**ジェームズ·A·ガーフィールド**	共和党	4,452,295	48.5	214	79.4
		ウィンフィールド·S·ハンコック	民主党	4,414,082	48.1	155	
		ジェームズ·B·ウィーヴァー	グリーンバック党	308,578	3.4		
1884年	38	**グロヴァー・クリーヴランド**	民主党	4,879,507	48.5	219	77.5
		ジェームズ·G·ブライン	共和党	4,850,293	48.2	182	
		ベンジャミン·F·バトラー	グリーンバック党	175,370	1.8		
		ジョン·P·セントジョン	禁酒党	150,369	1.5		

年	州の数	候補者	政党	普通選挙	%	選挙人団	投票率(%)
1888年	38	**ベンジャミン・ハリソン**	共和党	5,447,129	47.9	233	79.3
		グロヴァー・クリーヴランド	民主党	5,537,857	48.6	168	
		クリントン・B・フィスク	禁酒党	249,506	2.2		
		アルソン・J・ストリーター	統一労働党	146,935	1.3		
1892年	44	**グロヴァー・クリーヴランド**	民主党	5,555,426	46.1	277	74.7
		ベンジャミン・ハリソン	共和党	5,182,690	43.0	145	
		ジェームズ・B・ウィーヴァー	人民党	1,029,846	8.5	22	
		ジョン・ビッドウェル	禁酒党	264,133	2.2		
1896年	45	**ウィリアム・マッキンレー**	共和党	7,102,246	51.1	271	79.3
		ウィリアム・J・ブライアン	民主党	6,492,559	47.7	176	
1900年	45	**ウィリアム・マッキンレー**	共和党	7,218,491	51.7	292	73.2
		ウィリアム・J・ブライアン	民主党	6,356,734	45.5	155	
		ジョン・C・ウリー	禁酒党	208,914	1.5		
1904年	45	**セオドア・ルーズヴェルト**	共和党	7,628,461	57.4	336	65.2
		アルトン・B・パーカー	民主党	5,084,223	37.6	140	
		ユージーン・V・デブス	社会党	402,283	3.0		
		サイラス・C・スワロー	禁酒党	258,536	1.9		
1908年	46	**ウィリアム・H・タフト**	共和党	7,675,320	51.6	321	65.4
		ウィリアム・J・ブライアン	民主党	6,412,294	43.1	162	
		ユージーン・V・デブス	社会党	420,793	2.8		
		ユージーン・W・チャフィン	禁酒党	253,840	1.7		
1912年	48	**ウッドロウ・ウィルソン**	民主党	6,296,547	41.9	435	58.8
		セオドア・ルーズヴェルト	進歩党	4,118,571	27.4	88	
		ウィリアム・H・タフト	共和党	3,486,720	23.2	8	
		ユージーン・V・デブス	社会党	900,672	6.0		
		ユージーン・W・チャフィン	禁酒党	206,275	1.4		

年	州の数	候補者	政党	普通選挙	%	選挙人団	投票率（%）
1916年	48	**ウッドロウ・ウィルソン**	民主党	9,127,695	49.4	277	61.6
		チャールズ·E·ヒューズ	共和党	8,533,507	46.2	254	
		A·L·ベンソン	社会党	585,113	3.2		
		J.フランク・ハンリー	禁酒党	220,506	1.2		
1920年	48	**ウォレン·G·ハーディング**	共和党	16,143,407	60.4	404	49.2
		ジェームズ·M·コックス	民主党	9,130,328	34.2	127	
		ユージーン·V·デブス	社会党	919,799	3.4		
		P·P·クリステンセン	農業労働者党	265,411	1.0		
1924年	48	**ジョン・カルヴィン・クーリッジ**	共和党	15,718,211	54.0	382	48.9
		ジョン·W·デイヴィス	民主党	8,385,283	28.8	136	
		ロバート·M·ラ・フォレット	進歩党	4,831,289	16.6	13	
1928年	48	**ハーバート·C·フーヴァー**	共和党	21,391,993	58.2	444	56.9
		アルフレッド·E·スミス	民主党	15,015,169	49.0	87	
1932年	48	**フランクリン·D·ルーズヴェルト**	民主党	22,809,618	57.4	472	56.9
		ハーバート·C·フーヴァー	共和党	15,758,901	39.7	59	
		ノーマン・トーマス	社会党	881,951	2.2		
1936年	48	**フランクリン·D·ルーズヴェルト**	民主党	27,752,869	60.8	523	61.0
		アルフレッド·M·ランドン	共和党	16,674,665	36.5	8	
		ウィリアム·F·レムケ	連合党	882,479	1.9		
1940年	48	**フランクリン·D·ルーズヴェルト**	民主党	27,307,819	54.8	449	62.5
		ウェンデル·L·ウィルキー	共和党	22,321,018	44.8	82	
1944年	48	**フランクリン·D·ルーズヴェルト**	民主党	25,606,585	53.5	432	55.9
		トマス·E·デューイ	共和党	22,014,745	46.0	99	

年	州の数	候補者	政党	普通選挙	%	選挙人団	投票率(%)
1948年	48	**ハリー・S・トルーマン**	民主党	24,179,345	49.6	303	53.0
		トマス・E・デューイ	共和党	21,992,291	45.1	189	
		J・ストローム・サーモンド	州権民主党	1,176,125	2.4	39	
		ヘンリー・A・ウォレス	進歩党	1,157,326	2.4		
1952年	48	**ドワイト・D・アイゼンハワー**	共和党	33,936,234	55.1	442	63.3
		アドレー・E・スティーヴンソン	民主党	27,314,992	44.4	89	
1956年	48	**ドワイト・D・アイゼンハワー**	共和党	35,590,472	57.6	457	60.6
		アドレー・E・スティーヴンソン	民主党	26,022,752	42.1	73	
1960年	50	**ジョン・F・ケネディ**	民主党	34,226,731	49.7	303	62.8
		リチャード・M・ニクソン	共和党	34,108,157	49.5	219	
1964年	50	**リンドン・B・ジョンソン**	民主党	43,129,566	61.1	486	61.7
		バリー・M・ゴールドウォーター	共和党	27,178,188	38.5	52	
1968年	50	**リチャード・M・ニクソン**	共和党	31,785,480	43.4	301	60.6
		ヒューバート・H・ハンフリー	民主党	31,275,166	42.7	191	
		ジョージ・C・ウォレス	アメリカ独立党	9,906,473	13.5	46	
1972年	50	**リチャード・M・ニクソン**	共和党	47,169,911	60.7	520	55.2
		ジョージ・マクガヴァン	民主党	29,170,383	37.5	17	
		ジョン・G・シュミッツ	アメリカ独立党	1,099,482	1.4		
1976年	50	**ジェームズ・E・カーター**	民主党	40,830,763	50.1	297	53.5
		ジェラルド・R・フォード	共和党	39,147,793	48.0	240	
1980年	50	**ロナルド・W・レーガン**	共和党	43,904,153	50.7	489	52.6
		ジェームズ・E・カーター	民主党	35,483,883	41.0	49	
		ジョン・B・アンダーソン	独立候補	5,720,060	6.6		
		エド・クラーク	自由党	921,299	1.1		

年	州の数	候補者	政党	普通選挙	%	選挙人団	投票率(%)
1984年	50	**ロナルド・W・レーガン**	共和党	54,455,075	58.8	525	53.3
		ウォルター・F・モンデール	民主党	37,577,185	46.0	13	
1988年	50	**ジョージ・H・W・ブッシュ**	共和党	48,886,097	53.4	426	50.1
		マイケル・S・デュカキス	民主党	41,809,074	45.6	111	
1992年	50	**ウィリアム・J・クリントン**	民主党	44,909,326	43.0	370	55.2
		ジョージ・H・W・ブッシュ	共和党	39,103,882	37.4	168	
		H・ロス・ペロー	独立候補	19,741,048	18.9		
1996年	50	**ウィリアム・J・クリントン**	民主党	47,402,357	49.2	379	49.1
		ロバート・J・ドール	共和党	39,196,755	40.7	159	
		H・ロス・ペロー	改革党	8,085,402	8.4		
		ラルフ・ネーダー	緑の党独立候補	684,902	0.7		
2000年	50	**ジョージ・W・ブッシュ**	共和党	50,456,002	47.9	271	51.3
		アル・ゴア	民主党	50,999,897	48.4	266	
2004年	50	**ジョージ・W・ブッシュ**	共和党	62,040,610	51.2	286	55.3
		ジョン・ケリー	民主党	59,028,444	48.3	251	
2008年	50	**バラク・H・オバマ**	民主党	69,456,897	52.9	365	64.1
		ジョン・マケイン	共和党	59,934,814	45.7	173	

7 大統領による拒否権の行使（1789年～2008年）

大統領	議会	通常の拒否権	ポケット拒否権	合計	くつがえされた拒否権
G・ワシントン（1789-1797年）	第1－第4議会	2	－	2	－
J・アダムズ（1797-1801年）	第5－第6議会	－	－	－	－
T・ジェファーソン（1801-1809年）	第7－第10議会	－	－	－	－
J・マディソン（1809-1817年）	第11－第14議会	5	2	7	－
J・モンロー（1817-1825年）	第15－第18議会	1	－	1	－
J・Q・アダムズ（1825-1829年）	第19－第20議会	－	－	－	－
A・ジャクソン（1829-1837年）	第21－第24議会	5	7	12	－
M・ヴァン・ビューレン（1837-1841年）	第25－第26議会	1	1	－	－
W・H・ハリソン（1841年）	第27議会	－	－	－	－
J・タイラー（1841-1845年）	第27－第28議会	6	4	10	1
J・K・ポーク（1845-1849年）	第29－第30議会	2	1	3	－
Z・テイラー（1849-1850年）	第31議会	－	－	－	－
M・フィルモア（1850-1853年）	第31－第32議会	－	－	－	－
F・ピアース（1853-1857年）	第33－第34議会	9	－	9	－
J・ブキャナン（1857-1861年）	第35－第36議会	4	3	7	－
A・リンカーン（1861-1865年）	第37－第39議会	2	5	7	－
A・ジョンソン（1865-1869年）	第39－第40議会	21	8	29	15
U・S・グラント（1869-1877年）	第41－第44議会	45	48	93	4
R・B・ヘイズ（1877-1881年）	第45－第46議会	12	1	13	1
J・A・ガーフィールド（1881年）	第47議会	－	－	－	－
C・A・アーサー（1881-1885年）	第47－第48議会	4	8	12	1
St・G・クリーヴランド（1885-1889年）	第49－第50議会	304	110	414	2
B・ハリソン（1889-1893年）	第51－第52議会	19	25	44	1
G・クリーヴランド（1893-1897年）	第53－第54議会	42	128	170	5
W・マッキンレー（1897-1901年）	第55－第57議会	6	36	42	－
T・ルーズヴェルト（1901-1909年）	第57－第60議会	42	40	82	1
W・H・タフト（1909-1913年）	第61－第62議会	30	9	39	1
W・ウィルソン（1913-1921年）	第63－第66議会	33	11	44	6
W・G・ハーディング（1921-1923年）	第67議会	5	1	6	－
J・C・クーリッジ（1923-1929年）	第68－第70議会	20	30	50	4
H・C・フーヴァー（1929-1933年）	第71－第72議会	21	16	37	3
F・D・ルーズヴェルト（1933-1945年）	第73－第79議会	372	263	635	9
H・S・トルーマン（1945-1953年）	第79－第82議会	180	70	250	12
D・D・アイゼンハワー（1953-1961年）	第83－第86議会	73	108	181	2
J・F・ケネディ（1961-1963年）	第87－第88議会	12	9	21	－
L・B・ジョンソン（1963-1969年）	第88－第90議会	16	14	30	－
R・M・ニクソン（1969-1974年）	第91－第93議会	26	17	43	－
G・R・フォード（1974-1977年）	第93－第94議会	48	18	66	12
J・E・カーター（1977-1981年）	第95－第96議会	13	18	31	2
R・W・レーガン（1981-1989年）	第97－第100議会	39	39	78	9
G・H・W・ブッシュ（1989-1993年）	第101－第102議会	29	15	44	1
W・J・クリントン（1993-2001年）	第103－第106議会	36	1	37	2
G・W・ブッシュ（2001-2009年）	第107－第110議会	8	1	9	4
合　計	－	**1494**	**1066**	**2560**	**110**

[8] 議会での政党別議席数(1933年から2009年)

下院				
期間	議会	多数党	少数党	その他
1933-1935年	第73議会	民310	共117	5
1935-1937年	第74議会	民331	共103	10
1937-1939年	第75議会	民319	共89	13
1939-1941年	第76議会	民261	共164	4
1941-1943年	第77議会	民168	共162	5
1943-1945年	第78議会	民218	共209	4
1945-1947年	第79議会	民242	共190	2
1947-1949年	第80議会	共245	民188	1
1949-1951年	第81議会	民263	共171	1
1951-1953年	第82議会	民234	共199	1
1953-1955年	第83議会	共221	民211	1
1955-1957年	第84議会	民232	共203	–
1957-1959年	第85議会	民233	共200	–
1959-1961年	第86議会	民284	共153	–
1961-1963年	第87議会	民263	共174	–
1963-1965年	第88議会	民258	共117	–
1965-1967年	第89議会	民295	共140	–
1967-1969年	第90議会	民246	共187	–
1969-1971年	第91議会	民245	共189	–
1971-1973年	第92議会	民254	共180	–
1973-1975年	第93議会	民239	共192	1
1975-1977年	第94議会	民291	共144	–
1977-1979年	第95議会	民292	共143	–
1979-1981年	第96議会	民276	共157	–
1981-1983年	第97議会	民243	共192	–
1983-1985年	第98議会	民269	共166	–
1985-1987年	第99議会	民253	共182	–
1987-1989年	第100議会	民258	共177	–
1989-1991年	第101議会	民259	共174	–
1991-1993年	第102議会	民267	共167	1
1993-1995年	第103議会	民258	共176	1
1995-1997年	第104議会	共230	民204	1
1997-1999年	第105議会	共227	民207	1
1999-2001年	第106議会	共223	民211	1
2001-2003年	第107議会	共221	民211	
2003-2005年	第108議会	共229	民205	1
2005-2007年	第109議会	共232	民202	1
2007-2009年	第110議会	民233	共202	
2009-2010年	第111議会	民259	共174	

上院			
多数党	少数党	その他	大統領の所属政党
民60	共35	1	民　ルーズヴェルト
民69	共25	2	民　ルーズヴェルト
民76	共16	4	民　ルーズヴェルト
民69	共23	4	民　ルーズヴェルト
民66	共28	2	民　ルーズヴェルト
民58	共37	1	民　ルーズヴェルト
民56	共38	1	民　トルーマン
共51	民45	–	民　トルーマン
民54	共42	–	民　トルーマン
民49	共47	–	民　トルーマン
共48	民47	1	共　アイゼンハワー
民48	共47	1	共　アイゼンハワー
民49	共47	–	共　アイゼンハワー
民65	共35	–	共　アイゼンハワー
民65	共35	–	民　ケネディ
民67	共33	–	民　ケネディ／ジョンソン
民68	共32	–	民　ジョンソン
民64	共36	–	民　ジョンソン
民57	共43	–	共　ニクソン
民54	共44	2	共　ニクソン
民56	共42	2	共　ニクソン
民60	共37	3	共　フォード
民61	共38	1	民　カーター
民58	共41	1	民　カーター
共53	民46	1	共　レーガン
共54	民46	–	共　レーガン
共53	民47	–	共　レーガン
民55	共45	–	共　レーガン
民55	共45	–	共　ブッシュ
民56	共44	–	共　ブッシュ
民57	共43	–	民　クリントン
共52	民48	–	民　クリントン
共55	民45	–	民　クリントン
共55	民45	–	民　クリントン
共50	民50		共　ブッシュ
共51	民48	1	共　ブッシュ
共55	民44	1	共　ブッシュ
民49	共49	2	共　ブッシュ
民58	共42	–	民　オバマ

INDEX

あ

か

さ

た

INDEX

出典(図版)

【表紙】

表紙◉『オバマ大統領，公務開始』 Getty Images/アフロ
背表紙◉ホワイトハウスの大統領執務室（部分）
裏表紙◉ホワイトハウスの前に置かれた大統領の会見台

【口絵】

5◉フランクリン·D·ルーズヴェルト　オスカー・ホワイト撮影の写真
6◉1961年のジョン·F·ケネディ　オタワのカーシュが撮影した写真
7◉1964年のリンドン·B·ジョンソン
8◉大統領執務室でのリチャード·M·ニクソン　ドン・カール・シュテフェン撮影の写真
9◉1981年のロナルド·W·レーガン　オタワのカーシュが撮影した写真
10◉1994年の大統領執務室でのウィリアム·J·クリントン　ラリー・ドーニング撮影の写真
11◉『オバマ氏が勝利宣言』 ロイター/アフロ
13◉ホワイトハウスのバッジ

【第1章】

14◉大統領就任式日　連邦議会議事堂の階段で宣誓するウィリアム·J·クリントン　1993年1月20日
15◉宣誓するドワイト·D·アイゼンハワー　ハリー·S·トルーマン前大統領とリチャード・ニクソン副大統領の前で　1953年1月20日
16/17中◉フィラデルフィア憲法制定会議でのジョージ・ワシントン　ジュニアス・ブルータス・スターンズの絵画　1856年　リッチモンド　ヴァージニア美術館
17上◉1787年9月17日に署名されたアメリカ合衆国憲法の第1ページ　ワシントン　国立公文書記録管理局
18◉上院で発言するダニエル・ウェブスター　1850年3月7日　ジェームズ·M·エドニーによるリトグラフ　1860年
19◉議員の宣誓　連邦議会議事堂での下院の開会式　1989年1月4日
20◉連邦最高裁判所長官ジョン·G·ロバーツJr.　2006年3月
21上◉連邦最高裁判所長官アール・ウォーレンと判事たち1953年
21下◉セントルイス（ミズーリ州）での学校における人種隔離に反対するデモ　1960年代
22◉羊皮紙に書かれた権利章典の複製　1790年3月27日にニューヨーク州によって批准されたもの　ワシントン　国立公文書記録管理局
23◉アメリカ合衆国と建国当初の13州の標章にかこまれたジョージ・ワシントン　エーモス・ドゥーリトルの版画　1794年　ウスター　アメリカ古物研究協会
24◉ヤルタ会談でのウィンストン・チャーチル，フランクリン·D·ルーズヴェルト，スターリン　1945年2月9日
24/25上◉ジョージ・ワシントンの肖像が印刷された1ドル札
24/25下◉国際連合のアメリカ代表エドワード·R·ステッティニアス　サンフランシスコ会議で国際連合憲章に署名しているところ　1945年6月26日　ハリー·S·トルーマン大統領の前で

【第2章】

26◉一般教書演説をするジョージ·W·ブッシュ Jr.　2002年1月29日
27◉『アトランタ・ジャーナル・コンスティテューション』に掲載されたマイク・ラコヴィッチの漫画　2006年5月19日
28左上◉1940年のフランクリン·D·ルーズヴェルトの再選に反対する共和党のバッジ
28右上◉1944年のフランクリン·D·ルーズヴェルトの再選に反対する共和党のバッジ
28/29◉フランクリン·D·ルーズヴェルトの支持者たち　シカゴでの民主党大会にて　1944年7月20日
29右◉1944年のフランクリン·D·ルーズヴェルトの再選に賛成する民主党のバッジ
30◉北京を訪問したリチャード・ニクソン　国家安全保障担当補佐官ヘンリー・キッシンジャーが随行　1972年2月
31上◉NAFTA（北米自由貿易協定）のロゴ
31下◉NAFTAに署名するビル・クリントン　ワシントン　1993年12月8日
32上◉1941年12月9日の『ニューヨーク・タイムズ』の第1面　アメリカの日本に対する宣戦布告を見出しにかかげたもの　真珠湾攻撃後
32下◉ベトナムでのアメリカのヘリコプターH21　1962年1月　ラリー・バローズ撮影の写真
33◉コロナド海空基地（カリフォルニア州）でのジョージ·W·ブッシュ Jr.　2003年5月1日
34左　◉1987年9月21日の『タイム』の表紙を飾るロバート・ボーク
34右◉ロバート・ボークの連邦最高裁判所判事の任命に反対するデモ（部分）

1987年9月
35◉連邦最高裁判所判事として宣誓するサンドラ・デイ・オコナー　バーガー長官の前で　1981年9月25日
36/37◉老人ホームを訪問中のリンドン・B・ジョンソン　メディケア制度に関する法律の署名後　1965年4月　ヨウイチ・オカモト撮影の写真
36下◉社会保障カード　個人蔵
37下◉SNCC（学生非暴力調整委員会）のバッジ　1960年代
38上◉共和党候補者トマス・E・デューイに投票しないようよびかける民主党の絵葉書　1948年の選挙
38下◉平和と正義のための連合が企画した「空中戦を終えよ」運動のためのデヴィッド・G・ブラジンのポスター　1972年　ロンドン帝国戦争博物館
39◉2004年度予算　政府印刷局
40◉一般教書演説をするジョン・F・ケネディ　1961年1月30日
41上◉スリーマイル島原子力発電所を訪問したジミー・カーター大統領　1979年4月
41下◉原子力規制委員会の標章
42上◉アメリカ軍隊内での人種隔離を禁じる大統領令を見出しにかかげた『シカゴ・ディフェンダー』の第1面1948年7月31日
42下◉平等雇用機会25周年のポスター　1989年　ワシントン　国立公文書記録管理局
43上◉ヒラノ一家　ポストン収容所（アリゾナ州）1942～45年
43下◉ハートマウンテン収容所（ワイオミング州）1942年1月
44◉ジョージ・W・ブッシュJr.と共和党候補者ジョン・チューン　スーフォールズ（サウスダコタ州）での集会　2002年11月3日
44/45◉共和党候補者ラマール・アレクサンダーとヴァン・ヒラリーにかこまれたジョージ・W・ブッシュJr.トリシティーズ（テネシー州）　2002年11月2日
45上◉ルイスヴィル（ケンタッキー州）で共和党のためのキャンペーンをするジョージ・W・ブッシュJr.2002年11月1日
45下◉1994年の下院における共和党の指導者ニュート・ギングリッチ
46上◉上院議員の投票のテレビ中継　ビル・クリントンの弾劾裁判後　1999年2月12日
46下◉マサチューセッツ州とロードアイランド州の日刊紙　1998年12月20日　ビル・クリントンの弾劾を見出しにかかげたもの
47◉リチャード・ニクソン『タイム』の表紙　ウォーターゲート事件のとき1973年11月5日

【第3章】

48◉ルイスヴィル（ケンタッキー州）でのロナルド・レーガンのキャンペーン集会　1984年10月7日
49◉選挙戦の資金調達に関するハーブロックの漫画の下絵　1971年11月17日の『ワシントン・ポスト』ハーブロック漫画1971年©ハーブ・ブロック財団
50下◉ラザフォード・B・ヘイズの選挙のときのトーマス・ナストの漫画　1876年
50/51◉アメリカ合衆国憲法の抜粋（第2条）　1787年にプロヴィデンス（ロードアイランド州）で印刷された版　ワシントン　アメリカ議会図書館
51下◉2003年10月7日にカリフォルニア州知事に選出されたアーノルド・シュワルツェネッガー
52中 ◉1936年6月27日のフィラデルフィアでの民主党大会の入場券　フランクリン・D・ルーズヴェルト大統領の再選に向けて
52/53◉ジョン・F・ケネディ候補に賛成するロサンゼルスでの民主党大会　1960年7月
53下◉1968年8月8月の民主党大会のときの，シカゴのコンラッドヒルトンホテル前でのデモ参加者と警察官
54/55◉民主党予備選挙のときのヒラリー・クリントンとバラク・オバマのテレビ討論会　2007年11月15日
56上/下◉ルイジアナ州の選挙人票の証明書　1876年の大統領選挙　ワシントンアメリカ議会図書館
57◉コロラド州の9人の選挙人の投票　2004年の大統領選挙のため
58中◉アラバマ州グリーン郡の黒人有権者たち　1966年　フリップ・シュルケ撮影の写真
58下◉元受刑者の投票権の自動的復権を求めるデモ　モンゴメリー（アラバマ州）　2006年2月9日
59◉18歳の若者に投票権を認める修正第26条に署名するリチャード・ニクソン大統領
60◉マイアミの投票所　フロリダ州　2004年の選挙
61左◉フロリダ州の票の再計算　2000年11月
61右◉フロリダ州の投票用紙の確認　2000年11月
62下◉同性愛者のデモ　サンディエゴでの共和党大会1996年

62/63◉ニューヨーク州で使われた投票機　2004年の大統領選挙
64◉再選を祝うドワイト・D・アイゼンハワー大統領　リチャード・ニクソン副大統領と共に　ワシントン　シェラトンパークホテルにて　1956年11月7日
65◉2004年大統領選挙の州別選挙人と結果の地図
66◉ポーツマス（ニューハンプシャー州）でのジョージ・W・ブッシュ Jr. の選挙集会　2004年10月29日
66/67◉FEC（連邦選挙委員会）の標章
67上◉オーランド（フロリダ州）でキャンペーン中のジョン・ケリー　2004年の選挙
67下◉民主党候補者ジョン・ケリーのテレビコマーシャル　2004年の選挙
68◉大統領選挙制度に関するハーブロックの風刺画　1968年9月6日の『ワシントン・ポスト』　ハーブロック漫画1968年　©ハーブ・ブロック財団
69◉フロリダ州で票の再計算が行なわれたときの，選挙人団に反対するデモ　オースティン（テキサス州）　2000年11月11日
70上◉ボストン（マサチューセッツ州）の州議事堂前に立つデモ参加者　2004年2月12日
70下◉選挙防衛連合のボランティアたち　ミルウォーキー（ウィスコンシン州）での2004年11月2日の選挙のとき
71◉マイアミ（フロリダ州）でデモを行なうNAACP（全米黒人地位向上協会）のメンバー　2000年12月

【第4章】

72◉大統領執務室でのフランクリン・D・ルーズヴェルト　1936年1月
73◉アメリカ合衆国大統領の標章
74◉「炉辺談話」のときのフランクリン・D・ルーズヴェルト　1936年4月28日
75◉世界貿易センタービルの残骸の上に立つ，ジョージ・W・ブッシュ Jr. と消防士ボブ・ベックウィズ　2001年9月14日
76上◉1804年のトーマス・ジェファーソン　シャルル・フェヴレ・ド・サン=メマンのデッサン　ウスター美術館（マサチューセッツ州）
76下◉アンドリュー・ジャクソン大統領と猟官制　『ハーパーズ・ウィークリー』に掲載されたトーマス・ナストの風刺画　1877年4月28日
77◉1865年2月5日にワシントンでアレクサンダー・ガードナーが撮影したエイブラハム・リンカーン　ワシントン　アメリカ議会図書館
78◉1901年のウィリアム・マッキンレー大統領とセオドア・ルーズヴェルト副大統領
79◉1919年のヴェルサイユ条約調印時の，ジョルジュ・クレマンソー，トーマス・ウッドロウ・ウィルソン，デヴィッド・ロイド・ジョージ
80/81中◉NRA（全国復興庁）のシンボルとスローガン　1934年ころ
81上◉フランクリン・D・ルーズヴェルトと干ばつの被害にあった農夫スティーヴ・ブラウン　ジェームズタウン（ノースダコタ州）　1936年9月30日
81下◉フランクリン・D・ルーズヴェルトによる最高裁判所の「潜入工作」『イヴニング・スター』に掲載されたクリフォード・K・ベリーマンの風刺画　1937年
82上◉キーウエスト（フロリダ州）のハリー・S・トルーマン大統領　1947年12月11日
82中◉CIA（アメリカ中央情報局）のバッジ
83◉韓国に駐留するアメリカ軍部隊を訪れたドワイト・D・アイゼンハワー　1952年12月
84◉キューバ危機のときのジョン・F・ケネディのテレビ演説　1962年10月22日
85上◉ダラス空港　大統領専用機のなかで宣誓するリンドン・B・ジョンソン　1963年11月22日　JFK暗殺後
85下◉ベトナムのカムラン湾の空軍基地での，リンドン・B・ジョンソン大統領とウェストモーランド将軍　1966年1月
86/87◉デトロイト暴動のときの大統領執務室でのリンドン・B・ジョンソンと側近たち　1967年7月24日　ヨウイチ・オカモト撮影の写真
88◉ジョン・ケネディと弟ロバート・ケネディ　ホワイトハウスにて　1962年10月
89◉大統領執務室でのリチャード・ニクソンとヘンリー・キッシンジャー　1971年2月10日
90◉1974年8月8日にテレビで辞任を告げるリチャード・ニクソン大統領
91◉クモの巣に捕らえられたニクソン　ウォーターゲート事件に関する風刺画　ロバート・プライアーによる　1975年
92上◉1974年9月8日に，リチャード・ニクソンに大統領恩赦をあたえるジェラルド・フォード

出典(図版)

92下◉キャンプ・デーヴィッド合意のときの，ジェームズ·E·カーター，アンワル・エル・サダト，メナヘム・ベギン　1979年3月
93上◉ジュネーヴではじめて会談したミハイル・ゴルバチョフとロナルド・レーガン　1985年11月
94◉サウジアラビアのアメリカ軍部隊を訪れたジョージ·H·W·ブッシュ・シニア　1990年11月22日
95◉メディケア改革案を擁護するビル・クリントン　ランシング（ミシガン州）　1999年7月22日
96/97◉ホワイトハウスで年末の記者会見を行なうビル・クリントン　1999年12月8日
98◉イラク戦争中に空母エイブラハム・リンカーンで演説するジョージ·W·ブッシュ Jr.　2003年5月1日
98/99◉ペンタゴンでの式典のときの，ドナルド・ラムズフェルド，ジョージ·W·ブッシュ Jr.，リチャード・チェイニー　アーリントン（ヴァージニア州）　2006年12月15日
99◉グアンタナモ海軍基地　2002年2月14日
100◉ホワイトハウス　ワシントン
101◉ホワイトハウスの前に置かれた大統領の会見台

CRÉDITS PHOTOGRAPHIQUES

AFP / Getty Images / P. Muhly 99. AFP / Getty Images / Ch. Ommanney 98-99. AFP / Getty Images / P. J. Richards Dos.AFP / Getty Images / T. Sloan 44, 44-45. Archives-Gallimard 36b. David G. Bragin 38b. Bridgeman / Giraudon 217b, 23, 76h. Coll. part. 24-25h. Corbis 43h, 91. Corbis / N. Benn 28hg. Corbis / Bettmann 7, 20-21, 24, 28-29, 32-33, 64, 74, 76b, 78, 80, 81m,81h, 82h, 83, 84, 88, 92h. Corbis / Bettmann / Y. Okamoto 36-37, 86-87. Corbis / Bettmann / L. Sintay 53b. Corbis / Ch. Bowe Couv.
2e plat, 101. Corbis / CNP / R. Sachs 96-97. Corbis / B. Daemmrich 69. Corbis / Dpa / T. Brakemeier 13. Corbis / Sygma / J.-L. Atlan 94. Corbis / Sygma / L. Downing 10. Corbis / D. J. & J. L. Frent Collection 37b, 38h. Corbis / D. Hauck 70b. Corbis / J. Hilton 70h. Corbis / B. A. Keiser 62-63. Corbis / B. Kraft 11, 82b. Corbis / W. McNamee 30, 45b. Corbis / F. Schulke 58m. Corbis / M. H. Simon 26. Corbis / R. Sulgan 100. Corbis / O. White 9. Courtesy The Chicago Daily Defender – Ourdocuments.gov 50h. Eyedea / Karsh of Ottawa 10, 15. Gamma / White House 89. Getty Images / Hulton Archive / P. Manevy 90. Getty Images / Hulton Archive / Topical Press Agency 72. Getty Images / Kean Collection 52m. Getty Images / Marshall Couv. 1er plat (sceau), 73. Getty Images / Ronald Reagan Library 48. Getty Images / Spencer Platt 67h. Getty Images / Time & Life Pictures 47. Getty Images / Time & Life Pictures / L. Burrows 32b. Getty Images / Time & Life Pictures /W. Coupon 34g. Getty Images / Time & Life Pictures / R. Crane 52-53. Getty Images / Time & Life Pictures / M. Davis 43b. Getty Images / Time & Life Pictures / D. Halstead 41h, 93. Getty Images / Time & Life Pictures / S. Liss 34d. Getty Images / Time & Life Pictures /Time Magazine / Th. D. McAvoy 24-25b. Getty Images / Time & Life Pictures / D. Rubinger 92b. Getty Images / Time & Life Pictures / P. Schutzer 40. Getty Images / Time & Life Pictures / G. Silk 85b. Getty Images / A. Wong 39. Catherine Hélie / © Gallimard 132. The Herb Block Foundation, Washington 49, 68. Library of Congress, Washington 50-51, 56h, 562b, 77, 85h. Library of Congress, Washington / Architect of the Capitol 10. Mike Luckovich Editorial Cartoon © 2006 Mike Luckovich 27. Magnum / Abbas 62b. NAFTA 31h. NARA (National Archive and Record Administration), Washington 17h, 42b, 130. Rapho / D. C. Steffen 8. Roger-Viollet / A. Harlingue 79. Rue des Archives / The Granger Collection 16-17m, 18, 28hd, 29d, 50b, 81b. Sipa Press / AP (Associated Press) 15, 67b. Sipa Press / AP / E. Andrieski 57. Sipa Press / AP / APTN 46h. Sipa Press / AP / Ch. Rex Arbogast 61g. Sipa Press / AP / Ch. Carlson 51b. Sipa Press / AP / R. Carr 58b. Sipa Press / AP / J. Pat Carter 60. Sipa Press / AP / A. E. Conn 71. Sipa Press / AP / A. Diaz 61d. Sipa Press / AP / J. Duricka 19. Sipa Press / AP / J. C. Hong 54-55. Sipa Press / AP / P. Lennihan 46b. Sipa Press / AP / P. Martinez Monsivais 66. Sipa Press / AP / D. Mills 31b, 75. Sipa Press / AP / NARA 22. Sipa Press / AP / D. Poroy 33. Sipa Press / AP / E. Reinke 41h. Sipa Press / AP / J. Scott Applewhite 20, 98. Sipa Press / AP / Ch. Tasnadi 59. Sipa Press / AP / S. Walsh Couv. 1er plat, 95. Sipa Press / AP / White House 35. US Government 41b, 66-67.

参考文献

『アメリカ大統領の権力』　砂田一郎著　中央公論新社（中公新書）（2004年）
『アメリカ大統領』　阿部斉著　三省堂（三省堂選書）（1984年）
『アメリカ合衆国大統領』　飯沼健真著　講談社（講談社現代新書）（1988年）
『アメリカの大統領政治』　花井等著　日本放送出版協会（NHKブックス）（1989年）
『アメリカ大統領の権力のすべて』　高市早苗著　ベストセラーズ（1992年）
『アメリカ大統領と外交システム』　浅川公紀著　勁草書房（2001年）
『アメリカ大統領を読む事典』　宇佐美滋著　講談社（講談社＋α文庫）（2000年）
『アメリカ大統領物語』　猿谷要編　新書館（2002年）
『歴代アメリカ大統領総覧』　高崎通浩著　中央公論新社（中公新書ラクレ）（2002年）
『大統領たちのアメリカ』　宮本倫好著　丸善（丸善ライブラリー）（1997年）
『アメリカ大統領のリーダーシップ』　本間長世著　筑摩書房（ちくまライブラリー）（1992年）
『アメリカ憲法史』　M·L·ベネディクト著　常本照樹訳　北海道大学図書刊行会（1994年）
『註釈アメリカ合衆国憲法』　鈴木康彦著　国際書院（2000年）
『アメリカ憲法入門』　松井茂記著　有斐閣（外国法入門双書）（2004年）
『アメリカ合衆国憲法』　阿部竹松著　有信堂高文社（2002年）
『ザ・フェデラリスト』　A·ハミルトン／J·ジェイ／J·マディソン著　斎藤眞／中野勝郎訳　岩波書店（岩波文庫）（1999年）
『戦後アメリカ大統領事典』　藤本一美編　大空社（2009年）

[著者] ヴァンサン・ミシュロ
リヨン大学政治学院教授。アメリカ政治史を教えている。アメリカの体制と選挙問題の専門家で，著書に『ホワイトハウスの帝王』（2004年）がある。「デバ」誌，「20世紀」誌，「フランス・アメリカ研究」誌などで，アメリカの政治論を定期的に発表している。……………………………………………………………………

[監修者] 藤本一美《ふじもとかずみ》
1944年生まれ。明治大学大学院博士課程修了。専修大学法学部教授。政治学・米国政治の専門家で，近著に『現代米国政治論―ブッシュJr.政権の光と影』（学文社），『戦後アメリカ大統領事典』（大空社）などがある。…………………………………………………………………………………………

[訳者] 遠藤《えんどう》ゆかり
1971年生まれ。上智大学文学部フランス文学科卒。訳書に本シリーズ84，93，97，100，102，106〜109，114〜117，121〜124，126〜131，134，135，137〜140，142，『私のからだは世界一すばらしい』（東京書籍）などがある。……

「知の再発見」双書 144

アメリカ大統領―その権力と歴史

2009年6月10日第1版第1刷発行

著者	ヴァンサン・ミシュロ
監修者	藤本一美
訳者	遠藤ゆかり
発行者	矢部敬一
発行所	株式会社 創元社 本　社❖大阪市中央区淡路町4-3-6 TEL(06)6231-9010㈹ FAX(06)6233-3111 URL❖http://www.sogensha.co.jp/ 東京支店❖東京都新宿区神楽坂4-3煉瓦塔ビル TEL(03)3269-1051㈹
造本装幀	戸田ツトム
印刷所	図書印刷株式会社
	落丁・乱丁はお取替えいたします。 ©Printed in Japan　ISBN 978-4-422-21204-3